KB069101

누가 경제를 움직일까요?

폴 새뮤얼슨이 들려주는 경제 활동 이야기

18
경제학자가 들려주는
경제 이야기

고전 속 경제,
교과서와 만나다

폴 새뮤얼슨이 들려주는
경제 활동 이야기

누가 경제를 움직일까요?

박신식 지음 · 황기홍 그림

|주|자음과모음

사람은 태어나서 죽을 때까지 경제 활동을 하면서 살아갑니다. 그런데 원시 시대의 경제 활동에는 한계가 있었습니다. 대부분의 경제 활동이 다른 사람과의 관계를 통해서 이루어졌지요. 하지만 사회가 발전하며 가계와 기업, 정부, 외국이 경제 활동의 주체가 되어 경제를 이끌어 가게 되었습니다.

1776년 애덤 스미스의 『국부론』 이후 경제학은 사회 과학의 한 분야로 체계화되었고, 이후 경제 발전과 함께 수많은 경제학자들이 다양한 경제학 이론을 세웠습니다.

20세기 중반에는 밀턴 프리드먼 등의 '시카고학파'가 등장해, 가계와 기업이라는 민간 경제 주체의 자유로운 경제 활동에 의해 시장이 형성되는 자유방임주의 경제 정책을 강조했습니다. 특히 프리드먼은, "경제 활동의 자유에 대한 가장 큰 위협은 권력이 집중된 정부다. 정부는 우리의 자유를 유지하는 데 꼭 필요하지만 자유를 위협하는 잠재성을 지닌 필요악이다"라고 주장했습니다. 즉, 가계와 기업이 경제 주체가 된 시장 경쟁이 정부의 역할보다 우월하므로 경제 활동에 대한 정부 개입은 되도록 피해야 한다는 것이었지요.

그런데 시장 경쟁에만 맡기자 몇몇 기업이 시장을 지배하여 가격을 정하는 시장의 과점화, 소득 분배의 불평등으로 인한 빈부 격차, 대량 실업 등 심각한 경제 문제가 발생했습니다. 시장의 자율 조정 기능만을 강조한 자유방임주의 경제 정책은 그러한 문제를 해결하지 못했지요.

같은 시기에 이 책의 주인공인 폴 새뮤얼슨이 대표하는 '신고전학파'도 등장했습니다. 폴 새뮤얼슨은 수학이 경제 현상을 설명할 수 있는 실체적 도구라 여겨 수학을 경제학에 적극 도입함으로써 수리 경제학의 이론적 토대를 닦은 인물입니다. 또한 로렌스 클라인, 조지 애컬로프, 조지프 스티글리츠 등의 노벨 경제학상 수상자들과 벤 버냉키 FRB(미국 연방 준비 제도 이사회) 의장 등 세계 경제에 막강한 영향력을 행사하는 사람들에게 큰 영향을 끼치기도 했지요.

폴 새뮤얼슨이 이끄는 '신고전학파'는 케인스의 개입주의 거시 경제학에 고전파 가격 이론과 공공 경제학을 접목해서 시장 기구의 결함을 강조하고 재정 지출 등을 통한 정부의 적극적인 시장 개입을 주장했습니다. 즉, 완전 고용을 위해서는 정부의 개입이 필요하고, 그 후에 시장 원리에 맡겨야 한다는 주장이었습니다.

그래서 1970년대 초반까지 많은 나라에서 정부의 개입주의적 경제 정책이 실시되었습니다. 그로 인해 법에 의한 기업의 독점 금지,

조세 제도나 사회 보장 제도 등을 통한 소득 재분배 정책, 공익사업과 대규모 정부 사업을 통한 완전 고용 달성 등의 정부 활동으로 경제 주체에서 정부의 역할이 매우 커졌습니다.

그런데 1970년대의 세계적인 스태그플레이션에 정부 대책이 무능해지자 다시 흐름이 정부 주도에서 시장의 자율을 존중하는 방향으로 변했습니다. 그리고 정부의 규제 완화, 민영화, 자본 이동의 자유를 부르짖는 신자유주의가 등장하게 되었지요.

하지만 2008년에 미국의 서브프라임 모기지 사태로 촉발된 세계 금융 위기를 통해 다시 폴 새뮤얼슨의 정부 개입이 주목받게 되었습니다. 폴 새뮤얼슨은 "시장 경제의 자율 조정 기능을 기다리기에는 시간이 너무 오래 걸린다. 글로벌 금융 위기에서 벗어나기 위해선 1930년대 대공황기와 마찬가지로 과감한 재정 지출 정책이 필요하다"라며 이상적인 자유 무역을 주장했습니다.

이처럼 시대에 따라 경제에 대한 해석과 경제 문제를 해결하는 방법이 변합니다. 그래서 경제가 어느 방향으로 흐르고 있으며 어떻게 해결해야 하는지를 파악하는 것은 매우 중요한 일입니다.

현재도 경제 활동 주체이지만 미래의 잠재적 경제 활동 주체인 여러분이 이 책을 통해 경제에 대해 올바르게 이해하고 경제학적인 지혜를 얻기 바랍니다.

박신식

첫 번째 수업 　경제는 무엇으로 이루어져 있을까요?

두 번째 수업 　가계의 경제 활동

각 경제 주체들은 서로 밀접하게 연결되어 있다. 소비자의 선택이 생산자에게 영향을 주고, 기업의 의사 결정이 삶의 모습을 변화시키기도 한다. 또한 정부의 경제 정책은 가계나 기업의 경제 활동에 영향을 준다. 이러한 상호 의존적인 관계는 국가 안에서만 형성되는 것이 아니라 지역 간, 국가 간에도 형성된다. 최근에는 교통과 통신의 발달로 상품, 자본, 인력, 문화 등이 전 세계 시장을 통해 빠르게 이동하고 있다.

고등학교	경제	II. 경제 주체의 역할과 의사 결정 1. 가계의 경제적 역할 2. 기업의 경제적 역할 3. 정부의 경제적 역할

가계는 소득의 획득과 처분을 결정하는 경제 주체로서, 한 나라의 경제 활동을 형성하는 가장 기초적인 경제 단위가 된다. 규모가 크든 작든, 생산물이 재화이든 서비스이든, 이윤을 얻기 위해 생산하고 판매하는 경제 주체는 모두 기업이 된다. 시장의 경제를 이끌어가는 주축은 가계와 기업이다. 하지만 시장은 가계와 기업만으로 원활하게 운용되기 어려우므로 정부의 개입이 요구된다. 정부는 자원을 효율적으로 분배하고, 소득을 공평하게 분배하며, 경제의 안정적 성장을 돕는 역할을 한다.

	세계사	폴 새뮤얼슨	한국사
1914	제1차 세계 대전 발발		신민회 사건
1915		미국 인디애나 주에서 출생	대한 광복회 결성
1919	베르사유 조약 5·4 운동		3·1 운동 임시 정부 수립
1920	국제 연맹 성립		김좌진, 청산리 대첩
1929	세계 공황		광주 학생 항일 운동
1932		시카고 대학 입학	
1933	미국, 뉴딜 정책		
1939	제2차 세계 대전 발발	정차 방정식을 이용한 논문 발표	
1940			일제의 민족 말살 정책 강화
1941		하버드 대학 경제학 부문 데이비드 웰스 상 수상	
1945	원자 폭탄 투하		8·15 광복
1947		메사추세츠 공과 대학 정교수 초빙 『경제분석의 기초』 출간	
1948		베스트셀러 『경제학』 출간	제주도 4·3 사건
1950			6·25 전쟁
1958		『선형계획과 경제분석』 출간	
1970		노벨 경제학상 수상	새마을 운동 시작
1988			서울 올림픽 대회 개최
2009		사망	

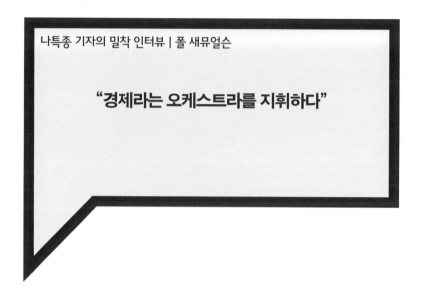

나특종 기자의 밀착 인터뷰 | 폴 새뮤얼슨

"경제라는 오케스트라를 지휘하다"

안녕하세요, 나특종 기자입니다. 오늘은 미국 신고전파 경제학자로 '현대 경제학의 아버지'라고 불리며, 전 세계에서 400만 권 이상이 팔린 베스트셀러 『경제학(Economics)』의 저자이시기도 한 폴 새뮤얼슨 선생님을 만나 보겠습니다. 수업에 앞서 선생님께 궁금한 점을 몇 가지 질문해 보도록 하겠습니다.

안녕하세요, 폴 새뮤얼슨 선생님. 먼저 선생님에 대한 간단한 소개를 부탁드립니다.

저는 1915년에 미국 인디애나 주에서 태어나 2009년까지 살았던 경제학자입니다. 시카고 대학교와 하버드 대학교에서 공부한 뒤 MIT(매사추세츠 공과 대학)에서 학생들을 가르쳤습니다.

1948년에 집필한 『경제학』이 경제학 교과서로 학생들의 많은 사랑을 받았으며, 1970년에는 미국인 최초로 노벨 경제학상을 받았답니다. 그 후 제가 가르친 제자들도 노벨 경제학상을 받았지요. 미국 경제 정책에 있어 중요한 역할을 많이 했습니다.

> **노벨 경제학상**
> 경제학의 발전에 큰 업적을 남긴 인물에게 수여하는 상입니다. 폴 새뮤얼슨의 제자인 로렌스 클라인과 조지 애컬로프, 조지프 스티글리츠도 노벨 경제학상을 수상하였습니다.

어렸을 때부터 경제에 관심이 많으셨나요?

어렸을 때는 경제라는 말뜻도 잘 몰랐어요. 하지만 초등학생 때부터 아버지에게서 주식 투자를 배웠지요. 숫자와 관련된 계산은 잘했거든요. 제가 고등학생 때 주식 열풍이 불었는데, 제가 주식 투자를 곧잘 하자 주위에서 어떤 종목에 투자해야 할지 물어 오기도 했답니다. 심지어 학교 선생님들께 어떤 주식에 투자해야 하는지 알려 드리기도 했으니까요. 하지만 그 열풍이 오래가지는 못했어요. 경제 대공황으로 인해 경제가 많이 어려워졌거든요.

경제의 흐름을 빨리 깨치셨군요. 그럼 언제 정식으로 경제학을 배우게 되셨나요?

대학교에 들어가면서부터였어요. 제 자랑을 조금 하자면, 성적이 좋아서 16세 때 시카고 대학교에 들어갔지요. 그곳에서 인구 폭발과 지구 멸망을 예언했던 18세기 영국의 경제학자 토머스 맬서스에 대한 강의를 들었어요. 그 강의를 들으며 경제학에 눈뜨게 되었고 경제학자로 다시 태어나게 되었지

> **토머스 맬서스**
> 애덤 스미스, 리카도 등과 함께 영국 고전경제학을 대표하는 영국의 경제학자입니다.

요. 그때부터 경제학 강의란 강의는 모조리 신청해서 들었어요. 당시 시카고 대학교는 경제학에서 큰 발자국을 남긴 유명한 대학교였기 때문에 무척 많은 것을 배울 수 있었답니다.

그런데 학교에서 배운 것은 학교 밖의 현장과 차이가 컸어요. 당시 학교 밖은 경제 대공황으로 인해 실업자가 넘쳐났지요. 그런데 경제 이론을 가르치는 강의실에서는 실업에 대한 이야기는 한마디도 들을 수 없었어요. 그때 저는 시장 자체에만 경제를 맡길 것이 아니라 정부 같은 거대한 조직이 경제 활동에 관여해야 한다는 생각을 갖게 되었답니다.

이론적인 경제를 배우는 것에 그치지 않고, 실질적인 경제에까지 관심을 가지셨군요. 그럼 어떻게 교수가 되셨나요?

저는 시카고 대학교를 빨리 입학해서 빨리 졸업했어요. 그 뒤 하버드 대학교에 진학해서 석사 학위와 박사 학위를 받았지요.『경제 분석의 기초』로 박사 학위 논문을 받을 때 당시 경제학 분야에서 가장 뛰어났던 요제프 슘페터, 바실리 레온티예프 교수님들이 심사를 맡아 주셨답니다. 그분들을 보며 저도 학생들에게 제가 공부한 것을 가르치고 싶은 열망이 생겼지요. 하지만 1930년대만 해도 유대인 차별이 심해 뜻을 이루지 못했어요. 제가 폴란드계 유대인 이민 2세였거든요.

그 후 저는 케임브리지에 있는 유명한 MIT의 교수로 갔어요. 그때 제 나이가 25세였지요. 그곳에서 그다지 유명하지 않았던 경제학과를 맡아서 세계에서 몇 손가락 안에 드는 학과로 만들었다는 데 자부심을 느낍니다.

선생님께서 이끄신 '신고전학파'와 밀턴 프리드먼이 이끈 '시카고학파'는 어떻게 다른가요?

제가 이끈 신고전학파는 시장 실패를 바로잡기 위해 정부가 시장에 개입해야 한다는 입장이었어요. 밀턴 프리드먼이 이끈 시카고학파는 정부의 시장 개입을 최소화해야 한다는 자유방임주의를 주장했고요. 그래서 밀턴 프리드먼과 저는 평생 학문적 대립 관계였지요. 밀턴 프리드먼이 공화당 대통령 후보인 골드워터의 경제 참모로 일했을 때, 저는 민주당 출신의 35대 대통령 존 F. 케네디와 36대 대통령 린든 존슨 밑에서 경제 참모로 일했어요.

한번은 시카고 대학교 교수이자 노벨 경제학상 수상자인 시어도어 슐츠가 저를 교수로 초빙하려 했어요. 하지만 그때 시카고 대학에는 이미 밀턴 프리드먼이 있었지요. 처음에는 모교이기도 해서 가려고 했지만, 하루 만에 가지 않기로 마음을 바꾸었어요. 그곳에 가면 밀턴 프리드먼을 견제하려는 심리 때문에 저도 모르게 자꾸 한쪽으로 치우친 견해를 가지게 될까 봐 두려웠기 때문이지요. 학자는 어느 한쪽 이론만을 주장하는 것이 아니라 중립을 지켜야 한다고 생각했거든요.

경제학 교과서 『경제학』을 쓰셨는데요, 이 책이 오랫동안 많은 학생들의 사랑을 받은 까닭은 무엇이라고 생각하시나요?

이 책에는 케인스 경제학의 이론을 바탕으로 확립한 신고전학파 경제학에 대한 모든 내용이 담겨 있다고 보면 됩니다. 경제 원리 활용과 경제 정책 등 기존의 교과서에 담기 힘들었던 현대 경제학의 이론과 이슈에 대해서 정리했지요.

예를 들어 '세금이 가격과 수량에 미치는 영향', '전쟁의 기회비용', '공공 정책과 반독점법' 등 오늘날 경제학을 배우는 학생들 입장에서 필요한 이슈에 대한 제 생각을 담아서 이해하기 쉽게 설명했답니다. 경제를 처음 배우는 사람도 이해하기 쉽게 문제를 풀이해서 많은 사람들의 사랑을 받은 것 같습니다.

말씀을 듣다 보니 선생님께서 '다양한 경제학자들의 목소리를 모으는 오케스트라 지휘자'로 불리시는 까닭을 알겠습니다. 지금까지 인터뷰에 응해 주셔서 감사하고요, 이상으로 인터뷰를 마치겠습니다.

그럼 지금부터 수업을 통해 경제 주체와 경제 객체에 대해 자세히 알아보도록 하겠습니다.

경제는 무엇으로 이루어져 있을까요?

경제를 둘러싼 것에는 경제 행위를 하는 대상인 경제 주체와 경제 행위가 미치는 대상인 경제 객체가 있습니다. 지금 이 순간에도 수많은 경제 주체와 경제 객체들의 행위로 경제가 돌아가고 있지요. 이 개념을 중심으로 경제에 대해 자세히 알아보겠습니다.

경제를 둘러싸고 있는 것

여러분은 '경제'가 무엇인지 알고 있나요? 고개를 끄덕이는 친구도 있지만 갸웃거리는 친구도 있을 거예요. 경제 주체와 경제 객체에 대해 살펴보기 전에 먼저 경제라는 분야에서 쓰는 말들에 대해 살펴보겠습니다.

만약 오늘이 여러분의 생일이라면 어떤 선물을 받고 싶은가요? 새로 나온 게임기를 갖고 싶나요? 예쁜 옷을 갖고 싶나요? 원하는 것이라면 밤새도록 말할 수 있을 것입니다. 이렇게 무엇을 갖고 싶거나 하고 싶은 마음을 '욕구'라고 해요. 그렇다면 야구를 좋아하는 친구의 욕구를 채워 줄 수 있는 물건은 무엇일까요? 야구 글러브나 야구 배트가 되겠지요. 이렇게 욕구를 채워 줄 수 있는 것을 '재화'라고 합니다.

교과서에는

재화는 사람들에게 이로운 것이라는 의미입니다. 효용의 판단은 주관적이기 때문에 어떤 사람에게는 재화의 가치를 지니지 못한 것이 다른 사람에게는 재화가 될 수 있습니다.

그런데 미용실에서 머리를 자르는 것은 어떤가요? 미용실에서 머리를 자르는 것이 욕구를 채워 주기는 하지만 이는 물건이 아닙니다. 이런 것을 한자어로 '용역'이라고 하고 영어로는 '서비스'라고 합니다. 이제 '재화'와 '서비스'를 구분할 수 있겠지요?

그런데 게임기나 야구 글러브가 땅을 파면 나오나요? 씨앗을 뿌리면 저절로 옷이나 자동차가 만들어지는 나무가 있다면 얼마나 좋을까요? 하지만 이런 것들은 모두 누군가가 땀을 흘리며 만들어야 합니다. 그것을 '생산'이라고 하지요.

이런 생산 활동을 통해서 운동 기구나 게임기를 만들었다고 가정합시다. 하지만 아무도 그것을 사지 않으면 쓸모없는 물건이 되겠지요? 누군가 그 물건을 사는 것을 '소비'라고 합니다. 그런데 물건을 아무런 대가 없이 살 수 있나요? 생산하는 사람도 아무런 대가 없이 무엇을 생산할 수는 없는 노릇입니다. 세상에 공짜는 없으니까요. 그렇다면 생산한 사람은 보통 무엇을 대가로 받게 될까요? 바로 돈입니다. 이렇게 생산의 대가로 돈을 받는 것을 경제 용어로 '분배'라고 합니다.

이제 여러분은 '욕구', '재화', '서비스', '생산', '소비', '분배'라는 여섯 가지 낱말에 대해서 배웠습니다. 그럼 이 낱말들을 연결해서 여러분이 배울 내용을 한 문장으로 설명해 보겠습니다. '욕구를 만족시키기 위한 재화와 서비스를 생산, 소비, 분배하는 활동', 이것이 바로 '경제' 또는 '경제 활동'입니다. 조금 더 길게 설명해 볼까요? '사람의 욕구를 만족시키기 위한 재화와 서비스를 생산하고 소비하고 분배하는 활동 및 이를 위해 필요한 모든 사회적 관계' 처음보다는 조금 더 길어졌지만 경제를 설명하기에는 아직도 부족하답니다. 이보다 좀 더 자세하고 정확한 표현이 필요합니다. 아마 여러분이 이 책을 다 읽고 나면 경제에 대해 더 자세히 말할 수 있게 될 것입니다.

경제의 의미에 대해 살펴보았으니 이제는 경제 주체와 경제 객체에 대해 살펴보겠습니다. 주체는 '어떤 일에 적극적으로 나서서 그 일을 주도해 나가는 세력', '어떤 단체나 물건의 주가 되는 부분' 등을 뜻합니다. 객체는 '주체로부터 독립되어 있는 인간의 인식과 실천의 대상', '감각, 사유, 의지 등의 모든 주관이나 주체의 작용 대상'을 뜻하고요. 좀 더 쉽고 간략하게 표현하면 '주체'는 '행위를 하는 대상'이고 '객체'는 '행위가 미치는 대상'이라고 설명할 수 있습니다.

아빠가 공을 찼어요.
주체   객체

이 문장에서 주체와 객체를 찾아볼까요? 주체는 공을 찬 행위를 한 대상인 아빠이고, 행위가 미치는 대상이 된 공이 객체가 됩니다. 이번에는 이 '주체'와 '객체'에 경제를 넣어서 살펴보겠습니다. 경제 주체는 '경제 행위를 하는 대상'이고 경제 객체는 '경제 행위가 미치는 대상'이라고 설명할 수 있겠지요.

민준이가 가게에서 아이스크림을 사 먹었다.
주체   객체

컥! 나처럼 영향을 받는 대상이 객체가 되는 거라고요.

이 문장에서는 소비라는 경제 행위를 하는 대상인 민준이가 경제 주체가 되고, 경제 행위가 미치는 대상이 되는 아이스크림이라는 재화가 경제 객체가 됩니다.

즉, 재화나 서비스를 생산, 소비, 분배하며 경제 행위를 하는 대상이 경제 주체가 되는 것입니다. 그리고 경제 주체의 욕구를 만족시키기 위한 재화나 서비스가 경제 객체가 되는 것이지요.

그렇다면 경제 주체와 경제 객체에 대해 조금 더 경제학적으로 설명해 보겠습니다. 경제 주체는 '재화나 서비스를 생산하고 소비하는 경제 활동의 과정에서 생산이나 소비 활동을 직접 수행하며 경제 행위의 주된 역할을 담당하는 개인이나 집단'을 뜻합니다. 즉, 경제 주체는 자기의 의지와 판단에 의해 경제 활동을 행하는 주체로 가계, 기업, 정부, 외국 등을 들 수 있습니다.

경제 객체는 '생산과 소비 행위가 미치는 대상이 되는 재화나 서비스'를 뜻합니다. 즉, 경제 객체에는 경제 행위가 미치는 대상인 재화와 서비스가 있습니다. 정리해 보면, 경제 활동에서 경제 주체로는 가계, 기업, 정부, 외국이 있고 경제 객체로는 재화와 서비스가 있습니다.

가계와 기업, 정부

가계라는 낱말을 들었을 때 가장 먼저 떠오르는 것은 무엇인가요? 집이지요? 그런데 그것은 사회학적인 뜻이고, 경제학적인 뜻은 아닙니다. 경제학에서 가계는 기업에 생산 요소를 제공하여 소득을 얻고 이 가계 소득을 바탕으로 소비 활동을 하는 경제의 최소 단위를 뜻합니다. 쉽게 말해서 소비의 주체가 되는 것입니다.

교과서에는

가계는 노동이나 자본, 토지 등의 생산 요소를 기업에 제공하고 그 대가로 임금이나 이자, 지대와 같은 소득을 획득합니다.

똑같은 낱말인데 사회학적인 뜻과 경제학적인 뜻을 다르게 이해해야 한다는 것이 조금 어렵지요? 하지만 낱말이 어떤 의미를 가지고 있는지 정확하게 아는 것은 무척 중요합니다. 어떻게 접근하느냐에 따라 의미와 해석이 달라지기 때문입니다.

이번에는 기업의 의미에 대해 알아보겠습니다. 기업을 생각했을 때 가장 먼저 떠오르는 것은 무엇인가요? 바로 회사일 것입니다. 기업은 보통 회사를 의미하며 가계로부터 생산 요소를 구입하여 생산 활동을 하는 생산의 주체입니다. 기업은 여러 재화와 서비스를 생산하고 이를 소비자에게 제공함으로써 이윤을 얻습니다. 생산 활동에서 얻어지는 이윤은 생산하는 데 필요한 자원을 사거나 기업을 발전시키는 데 사용되지요.

그렇다면 가계와 기업을 구분하는 가장 큰 차이점은 무엇일까요? 바로 가계는 소비를 하고 기업은 생산을 한다는 것이지요.

민준이가 밥을 먹고 책상을 만들어 판다.

이 문장에서 민준이는 생산의 주체일까요, 소비의 주체일까요? 조금 어렵다면 나누어서 알아보겠습니다.

민준이가 밥을 먹는다.
주체   객체

여기서 민준이는 주체가 되고 밥은 객체가 되지요. 그런데 민준이가 밥을 먹는 것은 소비 행위입니다. 그러므로 민준이는 '가계, 기업, 정부, 외국'의 여러 가지 경제 주체 중에서 가계의 역할을 합니다.

민준이가 책상을 만들어 판다.
주체   객체

여기서는 민준이가 주체가 되고 책상이 객체가 되는 것을 알 수 있지요? 그런데 민준이가 책상을 만들어 파는 것은 소비 행위일까요? 아닙니다. 생산 행위입니다. 그러므로 민준이는 '가계, 기업, 정부, 외국'의 경제 주체 중에서 기업의 역할을 합니다.

다시 처음에 제시했던 문장을 살펴보겠습니다.

민준이가 밥을 먹고 책상을 만들어 판다.
가계이자 기업

이제 민준이가 어떤 경제 주체가 될지 알 수 있겠지요? 민준이는 가계가 되기도 하고 기업이 되기도 합니다. 중요한 건 소비의 주체는 가계, 생산의 주체는 기업이라는 것입니다. 이것만 잘 기억하면 가계와 기업을 구분할 수 있습니다. 여기서 한 걸음 더 나아가 '가계와 기업만으로 이루어지는 경제'를 '민간 경제' 혹은 '사경제'라고 한다는 것도 알아 두세요.

경제 주체

'정부'는 가계와 기업으로부터 세금을 거두어들입니다. 그런데 정부는 세금을 받기만 하는 것일까요? 아닙니다. 정부는 그 세금을 바탕으로 경제 활동이 안정적으로 이루어지도록 사회 질서를 유지하고, 국방이나 **치안** 등과 같은 공공

> **치안**
> 국가 사회의 질서를 유지하고 보전하는 것을 의미합니다.

서비스를 제공하여 국민들이 편하게 생활할 수 있도록 합니다.

좀 더 자세하게 말해 볼까요? 정부는 철도·항만·도로 등의 사회 기반 시설을 만들고, 행정·교육 등의 공공 서비스를 제공하며, 기업에 맡겼을 때 문제가 될 수 있는 수도나 전력 등의 재화를 제공하기도 합니다.

앞에서 가계와 기업만으로 이루어지는 경제를 민간 경제 또는 사

경제라고 했지요? 정부만으로 이루어지는 경제를 정부 경제 또는 공경제라고 합니다. 그리고 가계, 기업, 정부가 상호 보완 관계를 유지하며 형성된 경제를 국민 경제라고 한답니다.

가계, 기업, 정부로 이루어진 경제를 국민 경제라고 했지요? 이것을 다른 표현으로 폐쇄 경제라고도 합니다. 그 나라 안에서만 이루어지는 경제라는 뜻이지요. 하지만 지금은 세계화가 진행됨에 따라서 한 나라 안에서 모든 것을 해결할 수 없습니다. 무역을 통한 외국과의 경제 교류가 경제 발전에 매우 중요한 요소가 되었기 때문입니다.

> **폐쇄**
> 외부와의 교류가 막혀 있는 상태를 의미하는 말입니다.

그래서 외국이라는 경제 주체가 등장하게 되었습니다. 외국은 무역 활동을 통해 생산과 소비를 함께 하는 경제 주체입니다. 오늘날 외국의 중요성은 점점 커지고 있어요. 그래서 국민 경제에 외국이라는 경제 주체를 포함시켜 세계 경제 또는 국제 경제라고 합니다. 폐쇄 경제 대신 개방 경제라는 표현을 쓰기도 하고요.

눈으로 구분하는 경제 객체

이번에는 경제 객체에 대해 알아볼까요? 사람이 살아가려면 여러 가지 욕구를 채워야 합니다. 맛있는 음식을 먹어야 하고, 예쁜 옷을 입어야 하고, 편안히 살 곳이 필요합니다. 이렇게 음식이나 옷, 집처럼 욕망을 채워 주는 물건을 '재화'라고 합니다.

<u>과자 공장</u>에서 <u>과자</u>를 생산했다.
　　　주체　　　　　객체

이제 경제 활동의 주체가 무엇인지 알 수 있지요? 바로 과자 공장인 기업입니다. 그렇다면 경제 활동의 객체는 무엇일까요? 과자 공장에서 생산된 과자입니다. 즉, 과자가 재화가 되는 것이지요.

<u>가게</u>에서 과자를 팔았다.
　주체

경제 활동의 주체가 가게라는 것은 잘 알 수 있겠지요? 그럼 경제 활동의 객체는 과자일까요? 그렇다면 가게에서 과자를 생산한 것일까요? 그것은 아닙니다. 그렇다면 위의 문장을 다른 말로 표현해 보겠습니다.

가게에서 <u>과자 판매</u>를 했다.
　　　　　객체

이제 경제 활동의 객체가 무엇인지 쉽게 찾아낼 수 있나요? 과자가 아니라 과자 판매가 경제 객체가 됩니다. 즉, 과자 판매가 재화가 되는 것이지요. 이렇게 보이지 않는 재화를 '서비스'라고 표현합니다. 다시 정리해 보자면, 보통 재화는 음식, 옷, 집처럼 눈에 보이고 손으로 만질 수 있는 물건일 때가 많습니다. 하지만 그렇지 않은 것도 있는데, 예를 들어 가게에서 과자를 파는 것은 손으로 만질 수 있는 물건이 아니지만 재화에 속합니다. 과자를 사려고 하는 사람의 욕망을 채워 주기 때문입니다.

이렇게 '눈에 보이는 물질적인 것'을 '재화'라고 하고, '눈에 보이지 않는 인간의 행위'를 '용역' 또는 영어로 '서비스(service)'라고 하기도 합니다.

서비스는 공급 주체에 따라 공공 서비스와 민간 서비스가 있습니다. 공공 서비스는 정부나 공공 기관이 국민 전체의 복지 증진을 위해 치안, 행정, 국방, 교육 등의 서비스를 제공하는 것을 말합니다. 입법부와 행정부에서는 법을 제정하고 정부 활동을 지도합니다. 그리고 우체국에서는 우편물을 수거, 처리, 배달합니다. 또, 군인, 경찰, 소방관 등은 시민의 건강과 안전을 위해 일하고 있어요. 특히 학교가 학생들에게 정보와 지식, 문화를 전달하는 교육은 공공 서비스 중에서 큰 부분을 차지하고 있습니다.

증진
기운이나 세력 따위가 점점 더 늘어 가고 나아가는 것을 이르는 말입니다.

민간 서비스는 개인이나 기업이 경제적 이익을 얻을 목적으로 서비스를 제공하는 것을 말합니다. 도·소매업, 음식점, 숙박업, 영화관, 놀이공원 등은 민간 서비스라고 할 수 있습니다.

이러한 서비스는 경제 성장과 생활 수준의 향상으로 개인의 여가 시간이 증가하고, 업무의 분담과 대행이 필요해지고, 소비자들이 다양한 서비스를 받기 원하기 때문에 점점 더 다양해지고 있습니다. 그리고 어떤 재화나 서비스의 사용자가 많아질수록 그 재화나 서비스의 가치가 높아집니다. 이러한 현상을 '네트워크 효과(network effect)'라고 합니다. 가장 대표적인 예가 바로 휴대 전화예요. 휴대 전화는 아무리 비싼 물건을 가지고 있더라도 다른 사람이 사용하지 않을 경우 아무 가치가 없기 때문입니다. 즉, 많은 사람이 휴대 전화를 가지고 있을수록 내 휴대 전화의 사용 가치가 높아지는 것입니다.

특징으로 구분하는 재화

재화는 먼저 희소성에 따라 자유재와 경제재로 구분할 수 있습니다. '희소성이 있는 재화'를 '경제재'라고 합니다. 경제재는 인간이 필요로 하는 욕구보다 존재하는 양이 적기 때문에 일정한 대가나 비용을 지불해야 얻을 수 있는 재화랍니다. 만약 연필이 필요하다면 돈을 주고 연필을 사야 하니 연필은 경제재가 되지요. 따라서 우리가 돈을 주고 사는 경제적 가치를 가지는 재화를 경제재라고 할 수 있어요.

'희소성이 없는 재화'는 '자유재'라고 합니다. 즉, 인간

교과서에는
사람의 욕망보다 많이 존재하여 희소성이 없기 때문에 무상재라고도 부릅니다.

의 욕망에 비해 의식적인 노력을 하지 않고서도 원하는 만큼의 양을 얼마든지 향유할 수 있을 정도로 풍부하게 공급되는 재화를 말합니다. 여러분은 공기가 없으면 살 수 있나요? 분명히 살 수 없어요. 하지만 우리가 사는 지구에서는 누구도 공기를 얻기 위해 의식적인 노력을 하거나 사고팔지 않습니다. 이렇게 희소성이 없는 자유재는 아무리 중요한 것이라도 경제적 가치를 갖지 않습니다.

자유재란 인간이 필요로 하는 욕구보다 존재하는 양이 많기 때문에 아무런 대가 없이 자유롭게 얻을 수 있는 재화를 뜻합니다. 쉽게 말해 햇빛이나 공기 등 점유나 판매의 대상이 되지 않는 재화를 말하지요.

하지만 자유재는 시대나 사회에 따라 달라지기도 합니다. 예를 들어 물은 더 이상 자유재라고 보기 힘들어요. 가게에서 사 먹는 생수는 돈을 내기 때문에 경제재라고 할 수 있지요.

그렇다면 여러분이 학교에서 먹는 물은 자유재일까요, 경제재일까요? 우리나라 국민들이 세금으로 낸 돈으로 산 것이기 때문에 학교에서 먹는 물도 경제재랍니다.

다음으로 재화를 생산재와 소비재로도 분류할 수 있습니다. 생산재와 소비재 모두 '희소성이 있는 재화'이기 때문에 '경제재'라고 할 수 있습니다. 생산재는 제조·가공·재판매를 위해 생산·사용되는 재화로 중간재라고도 합니다. 예를 들어 철강이나 기계 등과 같이 소비재를 생산하기 위해 사용되는 재화를 말합니다. 그래서 대부분의 경우 생산재란 무언가를 만들어 내는 기계류라고 머리에 떠올리면 기억하기 쉽답니다.

한편 소비재란 사람들의 욕망을 충족시키기 위해 일상생활에서 직접 소비되는 재화예요. 소비재는 일반인들이 그 제품의 용도에 맞게 최종적으로 사용할 수 있는 물건을 말하지요.

그런데 같은 재화라도 용도에 따라 소비재가 되기도 하고 생산재가 되기도 합니다. 밀가루를 예로 들어 볼까요? 집에서 밀가루로 부침개를 만들어 먹었다면 생산재일까요, 소비재일까요? 빵가게에서 밀가루로 빵을 만들어 판다면 생산재일까요, 소비재일까요? 밀가루로 부침개를 만들어 먹었다면 밀가루는 소비재가 되고, 빵을 만들어 파는 데 사용되었다면 생산재가 되는 것입니다. 기름이나 가스도 마찬가지입니다. 집에서 쓰는 기름이나 가스는 소비재가 되지만 공장에서 쓰는 기름이나 가스는 다른 물건을 만들기 위한 도구인 생산재가 되는 것이지요.

재화는 서로 간의 관계에 따라 대체재와 보완재로도 구분할 수 있습니다. 대체재와 보완재 모두 '희소성이 있는 재화'이기 때문에 '경제재'입니다. '꿩 대신 닭'이라는 속담을 알고 있나요? 꼭 적당한 것이 없을 때 그만은 못하지만 그와 비슷한 것으로 대신하는 경우를 비유적으로 이르는 말입니다. 바로 꿩 대신 닭이 의미하는 것이 대체재이지요.

대체재란 말 그대로 대체할 수 있는 재화입니다. 경제학적으로 표현하면, 서로 대신 쓸 수 있는 관계에 있는 재화라고 할 수 있습니다. 효용이란 소비자가 일정 기간 동안 일정량의 재화나 용역을 소비함

으로써 얻는 주관적인 만족의 정도를 말해요. 쉽게 말해 만족도라고 할 수 있지요.

이런 관계는 주위에서 쉽게 발견할 수 있습니다. 돼지고기가 없으면 소고기를 먹을 수 있고, 밥이 없으면 빵을 먹을 수 있습니다. 이러한 대체재는 같은 효용을 얻을 수 있어야 하기 때문에 서로 경쟁적인 성격을 띠고 있습니다. 그래서 대체재를 경쟁재라고 부르기도 한답니다.

그렇다면 대체재는 경제에 어떤 역할을 하는 것일까요? 만약 소고기 값이 오른다면 사람들은 어떻게 할까요? 대부분의 사람들은 소고기 대신 돼지고기를 사 먹을 거예요. 반대로 돼지고기 값이 오르면 소고기를 사 먹는 사람들이 늘겠지요? 이처럼 대체재는 어느 한쪽 재화의 가격이 오르면 다른 쪽 재화의 수요가 늘어나는 경제적 특징이 있습니다.

그런데 이러한 대체재의 개념은 주관적이라고도 할 수 있습니다. 같은 재화라도 만족도를 나타내는 효용은 개인의 취향과 소득, 소비 성향에 따라 달라지기 때문입니다. 즉, 소고기 대신 돼지고기를 먹어도 되지만, 돼지고기를 싫어하기 때문에 소고기만 고집하는 사람에게는 대체재라는 개념이 적용되지 않겠지요.

이번에는 보완재에 대해 알아볼까요? 여러분은 '바늘 가는 데 실 간다'라는 속담을 알고 있나요? 밀접한 관계가 있는 것끼리 서로 떨어지지 않고 붙어 있다는 뜻이지요. 바로 '바늘과 실'이 의미하는 것이 보완재랍니다.

보완
모자라거나 부족한 것을 보충하여 완전하게 한다는 뜻입니다.

보완재란 말 그대로 보완할 수 있는 재화라는 뜻이에요. 경제학적으로 표현하면 두 가지 이상의 재화를 사용해 하나의 효용을 얻을 수 있는 재화라는 뜻이지요. 이런 관계는 주위에서 쉽게 발견할 수 있습니다. 기름 없이 자동차가 움직일 수 있을까요? 펜에 잉크가 없다면 글씨를 쓸 수 없겠지요? 이렇게 보완재는 같이 사용해야 하나의 효용을 얻을 수 있기 때문에 경쟁재라고 불리는 대체재와 달리 협력적인 성격을 띠고 있답니다. 그래서 보완재는 어느 한쪽 재화의 수요가 증가하면 다른 쪽 재화의 수요도 증가하는 특성이 있답니다.

민준아, 아빠가 케이크 사 왔다!

민준이 아빠가 케이크를 사 온 것은 경제 행위 중 소비입니다. 케이크를 사 온 행위의 주체인 민준이 아빠가 경제 주체가 되고, 케이크는 경제 객체가 됩니다.

민준이 아빠가 회사에서 일할 때는 생산이라는 경제 행위를 하게 됩니다. 기업은 재화와 서비스를 생산하는 생산의 주체입니다.

고속 도로로 가면 금방 갈 수 있어.

정부는 국민이 낸 세금으로 도로, 철도 같은 사회 기반 시설을 제공합니다.

기업! 경고! 혼자서 공을 독차지하면 안 돼요!

기업

가계

정부는 기업과 가계가 공정하게 경제 활동을 할 수 있도록 심판 역할을 하기도 합니다.

민준이 아빠가 케이크를 사기도 하고 자동차를 생산하기도 하는 것처럼, 경제 주체와 경제 객체의 역할이 항상 고정된 것은 아닙니다.

가 계 의 경 제 활 동

경제의 중요한 축인 가계는 재화와 서비스를 구입하는 소비의 주체입니다. 또한 기업이나 정부에 노동, 토지, 자본 등의 생산 요소를 제공하기도 합니다. 그렇다면 가계에서 이루어지는 생산 요소, 소득, 소비에 대해 자세히 알아볼까요?

가계도 생산 활동을 하나요?

사람은 태어나서 죽을 때까지 생산과 소비를 반복합니다. 이렇게 생활에 필요한 물건을 생산하고 소비하는 활동을 경제 활동이라고 하는 것은 알고 있지요? 그렇다면 가계는 어떤 경제 활동을 하는 것일까요?

가계는 구성원들의 복지 증진을 위해 형성된 사회의 가장 작은 단위로, 기본적인 역할은 소비 활동을 하는 것입니다. 그런데 소비의 주체인 가계가 생산도 한다는 것을 알고 있나요? 그것을 설명하기 위해서 먼저 생산 활동과 소비 활동에 대해 알아보겠습니다.

생산 활동은 생활에 필요한 물건을 만들어 내거나 사람을 편리하게 해 주는 모든 활동입니다. 땅이나 강, 바다에서 직접 자연 자원을

> **교과서에는**
> 가계는 소득의 획득과 처분을 결정하는 경제 주체로서 한 나라의 경제 활동을 형성하는 기초적인 단위입니다.

얻는 일, 이를 가공하여 새로운 물건을 만드는 일, 물건을 팔거나 사람을 즐겁게 해 주는 일 등이 모두 생산 활동입니다. 예를 들어 철광석으로 자동차를 만들거나 물고기로 통조림을 만드는 것, 의사가 진료를 하는 것이 생산 활동이지요. 공연장에서 가수가 노래를 부르며 사람들을 즐겁게 해 주는 것도 생산 활동입니다.

그렇다면 소비 활동은 무엇일까요? 소비 활동은 생산된 물건을 구입하여 사용하는 활동입니다. 자동차를 사거나 통조림을 사는 일, 병원에서 진료를 받는 일, 화가의 그림을 사는 일 등이 모두 소비 활동이지요. 또한 가수의 무대를 보는 것도 소비 활동입니다.

그렇다면 소비의 주체인 가계에서는 어떤 생산 활동을 하는 것일까요? 집에서 부모님이 하시는 일을 떠올려 보세요. 요리와 빨래, 청소하는 모습을 떠올릴 수 있지요? 이러한 활동을 보통 가사 노동이라고 표현합니다. 그리고 이 가사 노동이 바로 생산 활동입니다.

그런데 부모님이 여러분의 빨래를 해 준다고 돈을 받나요? 청소를 한다고 돈을 받나요? 그렇지는 않을 거예요. 이렇게 부모님이 가족을 위해 돈을 받지 않고 일한다는 점에서 가계에서의 생산 활동과 기업의 생산 활동이 다릅니다. 그리고 이러한 일은 시장을 거치지 않고 스스로 소비하기 위한 생산 활동이라는 점도 기업의 생산 활동과 다른 점입니다.

소비의 주체인 가계가 소비를 하기 위해서는 돈이 필요합니다. 돈을 얻기 위해서는 어떻게 해야 할까요? 가계에서도 기업처럼 재화나 서비스를 제공해야 하겠지요? 이렇게 가계에서 제공하는 것을 생산 요소라고 합니다. 생산 요소에는 땅, 광물, 석유, 나무 등과 같이 자연적으로 주어지는 자연 자원을 의미하는 토지가 있습니다. 그리고 재화와 서비스를 생산하는 데 필요한 사람들의 육체적 능력과 정신적 능력인 노동이 있습니다. 또, 사람이 만든 생산 수단인 원료, 부품, 기계, 공장 등을 일컫는 자본도 있답니다.

예를 들어 땅을 가지고 있는 가계가 기업에게 건물이나 공장을 지을 수 있는 토지를 제공하거나, 부모님이 회사에 가서 노동을 합니다. 또, 저축을 통해서 기업이 건물이나 공장을 지어 재화나 서비스를 만들 수 있는 자본을 제공합니다. 이제 가계의 생산 요소인 '토지, 노동, 자본'을 이해할 수 있지요?

생산 요소 중 토지와 노동은 생산에 없어서는 안 되는 근원적인 생산 요소입니다. 하지만 자본은 토지와 노동을 결합하여 얻어진 생산 요소이지요. 그래서 18세기 이전에는 토지와 노동만을 생산 요소로 보았습니다. 하지만 산업화가 진행되면서 자본을 추가하게 되었고, 오늘날에는 가계에서 제공하는 토지, 노동, 자본을 가장 기본적이고 고전적인 생산 요소로 보고 있습니다.

그렇다면 토지, 노동, 자본에 대해 조금 더 알아볼까요? 경제학적으로 토지는 '인간이 자연으로부터 얻을 수 있는 모든 것'을 의미합니다. 즉, 땅뿐만 아니라 강과 바다 등 인간이 얻어 낼 수 있는 모든 공간을 토지라고 말할 수 있지요. 뿐만 아니라 지하자원, 석유, 산림 등의 자연 자원도 토지라고 할 수 있습니다. 이처럼 토지는 생산 활동이 이루어질 수 있는 물리적 공간을 제공하거나 자연의 생산력을

인간이 이용할 수 있도록 해 줍니다. 하지만 토지는 스스로 생산할 수 없습니다. 토지는 능동적인 인간이 노동을 사용해야만 생산이 가능한 피동적 생산 요소입니다.

그렇다면 능동적 생산 요소인 노동은 무엇일까요? 우리는 앞에서 경제에 대해 설명하면서 욕구라는 것을 배웠습니다. 욕구 충족을 위한 노력을 바로 노동이라고 하지요. 즉, 욕구를 충족하기 위한 재화와 서비스를 생산하는 데 필요한 인간의 모든 육체적·정신적 노력을 노동이라고 하는 것입니다.

다음으로 자본은 토지와 노동이 결합하여 만들어 낸 것으로, 원료, 부품, 기계, 공장 등의 생산 수단 또는 그것을 만들어 내는 데 드

피동적
남의 힘에 의하여 움직이는 것을 의미합니다.

능동적
다른 것에 이끌리지 않고 스스로 일으키거나 움직이는 것을 의미합니다.

는 비용이라고 할 수 있습니다. 쉽게 말해 돈도 자본이라고 할 수 있습니다.

토지와 노동만 있어도 기본적인 생산은 할 수 있습니다. 하지만 인간의 욕구는 매우 다양하기 때문에 수많은 욕구를 충족시켜 줄 수 있는 재화가 필요합니다. 이를 생산할 수 있는 공장을 만들기 위해서는 자본이 필요하고요. 즉, 노동의 생산성을 높이고 추가 생산을 하기 위해서는 자본의 역할이 매우 중요합니다.

노동은 양적 개념일까, 질적 개념일까?

생산 요소 중에서 가장 중요한 것은 노동입니다. 토지는 스스로 생산할 수 없고, 생산 활동을 하는 데 있어서 노동이 자본을 이용하기 때문입니다. 즉, 토지와 자본은 주도적인 생산 요소가 아니고 노동이 주도적인 생산 요소입니다. 직업을 갖고 있다는 것은 기업에 노동을 제공한다는 뜻이기도 합니다.

이번에는 노동의 개념에 대해 조금 더 자세히 알아보겠습니다. 기업에서 돈을 받고 일하는 노동은 양적(量的) 개념일까요, 질적(質的) 개념일까요? 양적 개념이란 세거나 잴 수 있는 분량이나 수량과 관계된 것이고, 질적 개념이란 사물의 성질이나 바탕에 관계되는 것입니다. 예전에는 노동의 양이나 질을 구분하지 않았지만, 오늘날에는 노동이 양과 질에 따라 크게 달라지는 것을 알게 되었습니다.

큰 장난감 회사가 있다고 생각해 봅시다. 그 회사에는 한 명의 사장과 장난감을 만드는 열 명의 근로자가 있습니다. 사장과 근로자는 가계의 일부분으로 회사에 노동을 제공하고 있습니다. 그런데 그 회사에서 열 명의 근로자를 더 채용했습니다. 그러면 20명의 근로자가 일하기 때문에 장난감을 두 배로 만들 수 있겠지요? 그런데 그 회사가 근로자 열 명 대신 뛰어난 경영 능력을 가진 사장을 한 명 더 채용하면 장난감을 두 배 생산하는 것 이상으로 회사에 이익을 가져올 수도 있습니다.

바로 여기에서 노동의 양적 개념과 질적 개념을 구분할 수 있습니다. 근로자를 늘리면 생산량을 늘릴 수 있기 때문에 근로자는 양적 개념의 노동을 제공하는 것이고, 사장은 뛰어난 경영 능력으로 질적 개념의 노동을 제공하는 것입니다. 현대 사회에서는 양적 노동보다 질적 노동이 중요해졌습니다.

경제학이 아닌 경영학에서는 기업 경영을 중요시하여 노동, 토지, 자본과 더불어 이를 생산의 4요소로 설명하기도 합니다. 기업 경영이란 토지, 노동, 자본 등의 생산 요소들을 생산 과정에 집어넣고 기본적인 기업 전략을 세우고 결정하는 활동을 뜻합니다.

그렇다면 장난감 공장을 운영할 때 열 명의 근로자가 하루에 100개의 장난감을 만든다고 가정해 봅시다. 그런데 장난감을 만드는 기술이 좋아져서 하루에 120개의 장난감을 만들게 되었습니다. 생산성이 높아진 것이지요? 양적 생산성뿐만 아니라 근로자의 질적

새로운 근로자를 채용해서 생산성을 높였습니다.

회사에 커다란 이익이 되겠어!

생산성도 높아졌습니다. 이렇게 질적으로 향상된 인간 노동을 인적 자본이라고 합니다.

인적 자본의 개념을 쉽게 이해할 수 있는 이야기를 들려 드리겠습니다. 어떤 사람이 피카소에게 자신의 초상화를 그려 달라고 부탁했습니다. 피카소는 5분 만에 초상화를 그려 주고 어마어마한 값을 불렀습니다. 초상화를 그려 달라고 부탁한 사람은 5분밖에 걸리지 않았는데 너무 비싸다고 투덜거렸습니다. 그러자 피카소는 고개를 저으며 5분이 아니라 50년이 걸렸다고 대답했습니다. 초상화를 5분 만에 그리는 실력을 기르는 데 50년이 걸렸다는 뜻이지요. 이렇듯 인적 자본의 개념을 통해 노동에는 생산 과정에서 능동적 역할을 하는 인간의 능력과 의지가 포함된다는 것을 알 수 있답니다.

경제 활동을 통해 얻는 것

지금까지 생산 요소인 노동, 토지, 자본에 대해 알아보았습니다. 이제 가계의 경제 활동인 소득과 소비, 저축에 대해 알아보겠습니다. 가계에서 노동을 제공하면 기업에서는 노동에 대한 대가로 월급 등의 임금을 줘야 합니다. 토지를 제공했다면 임대료 등의 땅값인 지대를 줘야 하고, 돈을 빌려 주었다면 이자를 주어야 하지요. 이렇게해서 가계가 얻게 되는 임금, 지대, 이자 등을 소득이라고 합니다. 소득이란 정해진 기간 동안 생산 요소를 제공하고 벌어들이는 돈을 말합니다. 소득은 다양한 방법을 통해 얻기 때문에 어떻게 버느냐에 따라 소득의 이름도 달라집니다.

먼저 소득에는 경상 소득과 비경상 소득이 있습니다. 경상 소득은 '정기적으로 얻을 수 있으며 재현 가능성이 있는 소득'입니다. 월급의 경우 꾸준히 정기적으로 얻을 수 있으므로 재현 가능성이 있는 경상 소득입니다. 그런데 경상 소득에도 근로 소득, 사업 소득, 재산 소득 등 여러 종류가 있습니다.

먼저 월급, 임금, 품삯 등 회사나 공장에서 노동을 한 대가로 얻은 소득을 근로 소득이라고 합니다. 그리고 병원을 운영하여 얻은 소득이나 장사를 해서 얻은 소득, 공장 등을 경영하거나 농사 등을 통해 얻은 소득을 사업 소득이라고 합니다.

자기가 가진 재산을 관리하여 얻은 소득은 재산 소득이라고 합니다. 재산 소득에는 일정 기간 은행에 예금해 놓은 돈에 붙은 이자 소득, 건물이나 집을 빌려 주고 전세나 월세 등의 임대료를 받은 부동산 임대 소득이 있습니다. 그 밖에도 특허권이나 저작권 등의 대여 소득도 있습니다. 이러한 이자 소득, 임대 소득, 대여 소득은 다른 사람에게 도움을 주고 대가를 받는 것입니다.

> **저작권**
> 문학, 예술, 학술에 속하는 창작물에 대하여 저작자나 그 권리 승계인이 행사하는 배타적·독점적 권리를 의미합니다.

또, 생산 요소의 제공 없이 받는 소득도 있습니다. 그런 소득을 이전 소득이라고 하는데, 어려운 처지의 사람들이 국가로부터 지원받는 생활 보조금, 연금 등을 말합니다. 즉, 경상 소득에는 노동을 제공하고 받는 근로 소득, 경영을 제공하고 받는 사업 소득, 자본을 제공하고 받는 재산 소득, 생산 요소 제공 없이 받는 이전 소득이 있습니다.

비경상 소득은 '일시적'이며 '비경상적'으로 발생하는 소득으로 예상이 불가능한 유동적인 수입을 뜻합니다. 결혼식에 가면 축의금을 내고 장례식장에 가면 조의금을 내지요? 이와 같은 경조사로 인한 경조 소득, 퇴직할 때 받는 퇴직금, 복권 당첨금, 상금, 보상금, 구호금 등의 기타 비경상 소득이 여기에 해당합니다.

> **유동적**
> 멈추어 있지 않고 끊임없이 움직이는 것을 의미합니다.

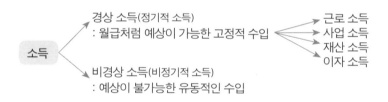

소득

경상 소득(정기적 소득)
: 월급처럼 예상이 가능한 고정적 수입

근로 소득
사업 소득
재산 소득
이자 소득

비경상 소득(비정기적 소득)
: 예상이 불가능한 유동적인 수입

그렇다면 불로 소득이란 무엇일까요? 불로 소득이란 생산에 참여하지 않고 생기는 소득을 말합니다. 이러한 불로 소득에는 불법적인 소득이 있는가 하면, 법은 어기지 않았지만 비윤리적인 소득도 있습니다. 불법적인 소득 행위로는 탈세, 마약 거래, 도박 등 법적으로 금지되어 있는 일을 하거나, 품질을 속이거나 과대광고를 해서 남을 속이거나, 독과점 등 불공정한 거래를 하는 것이 있습니다. 부동산

투기는 적법하지만 비윤리적인 소득이라고 할 수 있습니다. 이러한 불법적 행위 또는 적법하지만 비윤리적인 행위로 얻는 소득은 바람직하지 않습니다.

　사회에서 불로 소득이 많아지면 일을 하지 않아도 돈을 벌 수 있다는 인식이 퍼지게 됩니다. 그러면 열심히 일하던 사람들은 근로 의욕이 떨어지고, 사회는 부익부 빈익빈 현상이 심해지게 됩니다. 우리는 법적으로나 윤리적으로 정당한 방법을 통해 소득을 얻어야 합니다.

> **투기**
> 시세 변동을 예상해서 차익을 얻기 위하여 하는 매매 거래를 뜻합니다.
>
> **부익부 빈익빈**
> 가난할수록 더욱 가난해지고 부자일수록 더욱 부자가 된다는 뜻으로, 경제적 불평등을 의미하는 말입니다.

소득에 따른 생활

소득이 생겼으면 그것으로 소비를 하겠지요? 소비는 소비 지출과 비소비 지출로 구분할 수 있습니다. 소비 지출은 식료품비, 주거비, 의료비, 교육비 등을 의미합니다. 즉, 소비한 것에 대한 지출이지요. 비소비 지출은 소비를 한 것은 아니지만 내야 하는 돈으로 소득세, 주민세, 재산세 등과 같이 정부에 내는 세금입니다. 그리고 연금 혜택를 받기 위한 개인 부담금, 의료 보험료, 고용 보험료와 같은 각종 사회 보험금, 벌금이나 과태료 등도 비소비 지출에 포함됩니다.

　중요한 것은, 어떤 종류의 소비든 합리적이고 적절한 소비를 해야 한다는 것입니다. 인간의 욕망은 끝이 없는데 자원은 한정되어 있기 때문입니다. 그러므로 자신에게 필요한 것이 무엇인지, 무엇을 살 수 있는지 꼼꼼히 따져 보는 소비 습관이 필요합니다.

그런데 소득이 늘었는데 생활이 힘들어질 수 있을까요? 대답은 그럴 수 있다는 것입니다. 그것은 명목 소득과 실질 소득이 다르기 때문입니다. 명목 소득이란 화폐의 일반적인 수치로 나타낸 소득으로, 통장에 들어온 수치의 소득을 명목 소득이라고 합니다. 이에 비해 실질 소득은 물가 지수를 고려한 소득으로, 주어진 소득으로 실제로 구입할 수 있는 재화나 서비스의 가치를 말합니다.

예를 들어 어떤 사람의 한 해 평균 소득이 2000만 원에서 2100만 원으로 올랐다고 가정해 보겠습니다. 소득이 5퍼센트 늘었지요? 이 것을 명목 소득이라고 합니다. 명목 소득이 5퍼센트 올랐으니 기분이 좋겠지만, 같은 기간 소비자 물가 지수가 10퍼센트 올랐다면 어떻게 될까요?

그렇다면 소득과 물가 지수의 관계를 알아보기 위해 실질 소득을 계산해 보겠습니다. 실질 소득은 명목 소득을 물가 지수로 나눈 것으로, 물가 지수는 기준량 1에 물가의 변동량을 더하거나 뺍니다. 즉, 물가 지수가 10퍼센트 올랐다면 기준량 1에 10퍼센트 단위를 환산한 0.1을 더하는 것이지요. 이를 식으로 세워서 계산하면 실질 소득은 다음과 같습니다.

$$실질\ 소득 = \frac{명목\ 소득}{물가\ 지수} = \frac{21,000,000}{1 + 0.1} \div 19,090,909(원)$$

즉, 명목 소득은 100만 원이 올랐지만 실질 소득은 오히려 1909만 909원으로 떨어졌습니다. 즉, 소득이 늘었어도 오히려 생활이 더욱 힘들어졌다는 것을 의미합니다. 그래서 가정에서는 소비를 줄일 수밖에 없습니다.

이러한 명목 소득과 실질 소득을 이해하지 못하고 소득이 늘었다고 무작정 소비를 하다 보면 가계 경제가 위태로워질 수밖에 없습니다. 경제 활동에는 소득과 생활의 정보를 포함한 많은 지표들이 있습니다. 이런 지표들은 우리 가계의 지출 등과 관련된 의사결정에 많은 영향을 끼치므로 관심 있게 살펴봐야 한답니다.

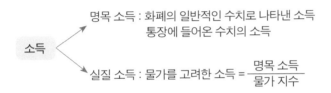

여러 가지 소비의 법칙

경제학에는 엥겔의 법칙(Engel's law)이나 슈바베의 법칙(Schwabe's law) 같은 소비 이론이 있습니다. 엥겔의 법칙은 독일의 통계학자 엥겔이 주장한 가계 소비 지출의 비용별 배분에 관한 법칙입니다. 간단하게 말하면 소득이 낮은 가정일수록 전체의 소비 지출에서 식료품비가 차지하는 비율이 높다는 것이지요. 반대로 소득이 높은 가정일수록 전체의 소비 지출에서 식료품비가 차지하는 비율은 감소하고 교육비, 교통비, 통신비 등 문화비가 차지하는 비율이 늘어난다는 이론입니다.

이러한 내용을 바탕으로 엥겔 계수가 만들어졌는데, 엥겔 계수란 전체의 소비 지출 중 식료품비가 차지하는 비율입니다. 엥겔 계수는 생활 수준이 높을수록 낮고 생활 수준이 낮을수록 높아집니다.

$$엥겔\ 계수 = \frac{식료품비}{총지출액} \times 100$$

보통 엥겔 계수가 20 이하면 상류층, 20~40은 중류층, 40 이상은 하류층으로 분류됩니다. 여러분도 우리 집은 엥겔 지수가 어느 정도인지 계산해 보고 싶어지죠? 이 엥겔 계수로 한 나라의 경제 상태와 빈곤 수치를 살펴볼 수 있습니다. 시간이 흐르면서 국민의 평균 엥겔 계수가 높아진다면 그 나라의 경제 사정이 나빠지고 있다고 볼 수 있고, 엥겔 계수가 낮아진다면 그 나라의 경제 형편이 점점 나아지는 것으로도 볼 수 있습니다. 그래서 기준이 되는 수치가 조금씩 다르기는 하지만 국민의 평균 엥겔 계수가 50퍼센트 이상이면 후진국으로 보고, 국민의 평균 엥겔 계수가 20퍼센트 이하이면 선진국으로 보기도 한답니다.

슈바베의 법칙은 독일의 통계학자 슈바베가 주장한 것으로, 근로자의 소득과 **주거비**로 지출되는 비용의 관계를 나타낸 법칙입니다. 쉽게 말해 저소득층일수록 가

주거비
가계 지출 가운데 주거에 소요되는 경비를 이르는 말로 집세, 수도 요금, 화재 보험료 등이 여기에 속합니다.

계 지출에서 주거비가 차지하는 비율이 높다는 뜻이지요.

　예를 들어 1년에 1억 원의 소득이 있는 사람이 주거비로 2000만 원을 쓴다면 주거비가 전체 지출의 20퍼센트에 해당합니다. 그런데 1년에 3000만 원을 버는 사람이 주거비로 900만 원을 쓴다면 앞 사람이 쓴 2000만 원보다는 적지만 주거비가 전체 지출의 30퍼센트를 차지하므로 더 많은 비용을 쓴다고 볼 수 있지요.

금융 기관에 돈을 맡겨 볼까?

사람들은 왜 저축을 하는 것일까요? 돈을 집에 보관하기 불안하다는 이유도 있지만, 금융 기관에 맡기면 돈을 안전하게 맡아 줄 뿐만 아니라 금액을 늘려 주기 때문입니다. 금융 기관에 돈을 맡긴 뒤 일정 기간 뒤에 찾으면 처음에 맡겨 둔 돈보다 더 많이 돌려받는데, 처음 맡긴 돈인 원금 외의 돈을 이자라고 합니다.

그러면 금융 기관에 돈을 맡길 때에는 어떤 방법으로 맡기는 것이 좋을지 다양한 예금에 대해 살펴보겠습니다.

예금은 큰돈을 일정 기간 동안 저축하는 방법으로, 정기 예금, 보통 예금, 당좌 예금이 있습니다. 보통 예금은 언제든지 돈을 맡기고 찾을 수 있는 예금으로 이율이 낮습니다. 돈을 맡기는 입장에서는 자신의 상황에 따라 자유롭게 돈을 관리할 수 있으므로 편리하다는 장점이 있지만, 금융 기관에서는 언제 돈을 찾아갈지 모르기 때문에 이자를 많이 주지 않는다는 단점이 있습니다.

정기 예금은 일정 기간 동안 돈을 맡기고 그 기간에는 돈을 찾지 못하는 예금으로 다른 예금에 비해 이율이 높습니다. 돈을 맡기는 입장에서는 큰돈을 한꺼번에 맡겨 두고 쓸 수 없다는 단점이 있지만, 보통 예금에 비해 이율이 높다는 장점이 있습니다.

당좌 예금은 돈을 받고 지불하는 일이 많은 기업이 현금의 보관이나 위험성을 줄이기 위해서 사용하는 것으로, 이때 발행한 수표는 현금과 같은 기능을 합니다. 금융 기관의 입장에서는 번거로운 일이므로 이자를 주지 않습니다. 기업의 입장에서는 예금 잔고 이상으로 발행한 수표에 대해서도 지불을 받을 수 있다는 장점이 있습니다.

또한 금융 기관에 돈을 맡기는 방법에는 적금도 있습니다. 이는 일정 기간 동안 매월 일정 금액을 입금하고 기간이 만료되면 계약 금액을 이자와 함께 받을 수 있는 예금 제도입니다. 기간이 차기 전에는 돈을 찾을 수 없기 때문에 보통 예금보다 이자가 높으며, 기간은 연 단위로 정해져 있습니다. 매월 조금씩 넣는 돈을 꾸준히 모아 큰돈으로 만들 때 이용합니다.

이와는 성격이 다르지만 요즘은 펀드(fund)를 통해 사람들이 돈을 운용하기도 합니다. 이는 경제적 이익을 위해 불특정 다수인으로부터 모금하여 운영하는 투자 기금으로, 주로 주식이나 채권에 투자합니다. 한 개인이 주식이나 채권에 투자하려면 어떤 회사의 채권을 사야 하는지, 언제 사야 하는지, 언제 팔아야 하는지 등 알아야 할 게 너무나 많고 복잡합니다. 그래서 이런 여러 가지 일들을 투자 전문 기관이 대신 해 주고 일정 비율의 수수료를 받습니다. 그러니까 펀드에 가입한다는 것은 투자 전문 기관에게 대행 수수료를 주고 투자 활동에 참여하여 이익을 보려는 일을 뜻합니다.

이처럼 자신의 상황과 목적에 따라 다양한 방법으로 금융 기관을 이용할 수 있으므로 장기적인 계획을 세우고 돈을 맡겨야 합니다.

안녕하세요. 미용사 김가위입니다.
전 이곳 조아 미용실에서 일하고
월급을 받고 있습니다.

제 월급으로 이렇게
먹을 것을 살 수 있죠.

회사에서 노동을 한 대가로 얻은
소득이 근로 소득입니다. 월급은
꾸준히 정기적으로 얻을 수 있는
경상 소득이지요.

벌써 많은 이자가 붙었네.
열심히 저축해서
집을 사야지.

소득세와 보험료,
식비까지, 나갈 돈이
많군.

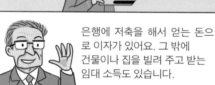

은행에 저축을 해서 얻는 돈으
로 이자가 있어요. 그 밖에
건물이나 집을 빌려 주고 받는
임대 소득도 있습니다.

소득세나 재산세처럼 실제로 소비하지
않는 지출은 비소비 지출이고, 식비,
의료비처럼 실제로 소비되는 지출이
소비 지출입니다.

필요한 곳에만 쓰는
소비 습관이 중요해.
욕심은 끝이 없다고!

돈은 쓰라고 있는 거야!
다 써 버려!

인간의 욕심은 끝이 없는데
자원은 한정적입니다.
우리가 합리적으로 소비해야 하는
이유입니다.

기업의 경제 활동

기업은 생산의 주체입니다. 우리가 소비하는 전자 제품이나 옷 등이 기업에서 생산하는 것이지요. 기업은 이윤 추구를 목표로 하면서 소비자의 욕구를 파악해 싸면서도 질 좋은 재화나 서비스를 공급합니다. 그리고 생산 요소를 구입한 대가를 가계에 지불하기도 해요. 기업에 대해 자세히 알아볼까요?

생산과 소비의 곡선

기업은 자본주의 사회에서 이윤을 얻기 위해 재화와 서비스를 생산하는 조직적인 경제 단위입니다. 이러한 활동을 수행하는 경제 기구를 기업체라고 하지요. 기업은 우리가 살아가는 데 필요한 재화나 서비스를 만들어 내는 생산 활동의 주체라고 할 수 있어요.

그런데 기업과 회사, 그리고 공장은 서로 다른 의미일까요? 기업은 경제 용어로 이윤 추구를 목적으로 운용하는 자본의 조직 단위를 말하고, 회사는 법률 용어로 상업 활동이나 기타 영리를 목적으로 하는 곳입니다. 공장은 물건을 생산하는 곳으로 기업을 구성하는 한 요소라고 할 수 있고요. 기업과 회사는 경제 용어와 법률 용어로 구분되지만 같은 의미로 쓸 수 있습니다.

기업은 생산이라는 말과 밀접한 관계를 갖고 있기 때문에 이번에

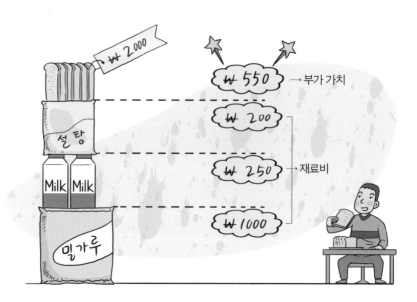

는 생산과 소비에 대해 알아보겠습니다. 공장에서 물건을 만드는 것이나 농부가 쌀을 만들어 내는 것은 모두 생산입니다. 이렇게 생산을 글자 그대로 간단하게 풀이하면 만들어 내는 것이라고 할 수 있습니다. 하지만 생산을 경제학적인 용어로 풀이하면 '부가 가치를 증대시키는 모든 활동'이라고 할 수 있습니다.

그렇다면 부가 가치란 무엇일까요? 부가 가치란 생산 과정에서 새로 덧붙인 가치로, 간단한 예를 통해 살펴보겠습니다. 어떤 빵 가게에서 밀가루 1000원, 우유 250원, 설탕 200원에 해당하는 재료를 사용해서 2000원짜리 빵을 생산했습니다. 이때 빵을 만들어 낸 부가 가치는 2000원에서 재료비 1450원을 뺀 550원이 되는 것입니다. 물론 550원에서 만드는 사람의 임금을 빼면 부가 가치는 조금 더 적어질 것입니다. 하지만 빵을 만들어 팔면 부가 가치만큼의 이윤이 생기겠지요? 즉, 재화나 서비스를 만들어 제공할 때 부가 가치를 얻는 것이 바로 이윤이라고 할 수 있답니다. 이제 생산의 의미를 조금 이해할 수 있겠지요?

그렇다면 재화를 운반, 보관, 판매하는 일은 생산일까요? 가을에 나는 사과를 보관했다가 봄에 판매하는 것을 떠올려 보세요. 그 사과는 가을에 판매된 사과보다 비싼 가격에 팔리겠지요? 그렇다면 그 과정에서 부가 가치가 증대되었나요? 맞습니다. 부가 가치가 증대되었기 때문에 사과를 겨울 동안 보관하는 것은 분명히 생산이라고 할 수 있는 것입니다.

이번에는 또 다른 경우를 생각해 보겠습니다.

엄마가 정육점에 가서 돼지고기를 사 오셨다.

엄마의 행동은 생산일까요, 소비일까요? 소비라고 생각하기 쉽지요? 그런데 소비란 욕구 충족을 위해서 재화와 서비스를 직접 사용하며 돈을 쓰는 활동이라고 했어요. 그런데 고기를 사는 것만으로 욕구 충족이 되었나요? 고기를 사서 갖는 것으로 끝이 아니겠지요? 이번에는 더 자세히 살펴보겠습니다.

엄마가 정육점에 가서 산 돼지고기로 김치찌개를 만드셨다.

이것은 생산일까요, 아니면 소비일까요? 이번에는 만들었다는 점 때문에 생산이라는 생각이 들지는 않나요? 그런데 생산은 부가 가치를 증대시키는 활동이라고 했습니다. 김치찌개를 만들어서 부가 가치가 증대되었나요? 아직도 섣불리 답하기가 힘들 것입니다.

엄마가 정육점에 가서 산 돼지고기로 김치찌개를 만들어서 먹었다.

이제 생산인지 소비인지 알 수 있겠지요? 배고픔을 해결하려는 욕구가 충족되었으니 분명 소비입니다. 그래서 처음부터의 과정은 소비의 과정이라고 볼 수 있지요. 그렇다면 다른 경우도 살펴보겠습니다.

엄마가 정육점에 가서 산 돼지고기로 김치찌개를 만들어서 팔았다.

이제 생산과 소비를 구별할 수 있지요? 김치찌개를 팔아서 부가 가치인 이윤을 얻었기 때문에 생산이며, 처음부터의 과정은 생산을 위한 과정이라고 할 수 있습니다. 집에서 상추를 재배하여 자기가 먹은 것은 욕구 충족을 위한 소비이고, 집에서 상추를 재배하여 판매한 것은 이윤이라는 부가 가치를 얻었기 때문에 생산이 되는 것입니다.

그런데 기업이 이윤을 많이 얻겠다고 무조건 많이 생산할 수 있을까요? 그렇게는 못합니다. 자원이 한정되어 있기 때문이지요. 이러한 원리는 생산 가능 곡선을 보면 이해하기 쉽습니다. 생산 가능 곡선이란 한정된 생산 요소를 완전히 사용하여 최대한 생산할 수 있는 조합을 나타낸 그래프입니다.

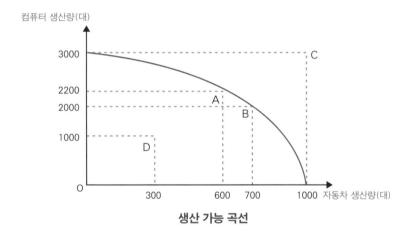

생산 가능 곡선

위의 생산 가능 곡선은 모든 자원이 자동차 생산에만 투입된다면 최대 1000대의 자동차를 생산할 수 있고, 컴퓨터는 한 대도 생산할 수 없다는 것을 보여 줍니다. 그와 반대로 모든 자원이 컴퓨터 생산에만 투입된다면 컴퓨터만 3000대가 생산되고 자동차는 한 대도 생산할 수 없다는 의미이지요.

이 곡선의 양끝 점은 생산 가능성의 극단적인 경우를 나타낸 것입니다. 만약 생산 자원이 자동차와 컴퓨터 산업에 나뉘어 투입된다면 A와 같이 600대의 자동차와 2200대의 컴퓨터를 생산할 수 있습니다. 생산 자원의 일부를 컴퓨터 생산에서 자동차 생산으로 옮기면 B에서와 같이 자동차 700대와 컴퓨터 2000대를 생산할 수 있습니다.

이때 자원이 한정되어 있으므로 C 위치처럼 더 많은 컴퓨터와 자동차를 생산할 수는 없답니다. 그리고 D 위치처럼 생산하는 것은 자원을 남기는 것이므로 비효율적입니다.

공평한 분배가 가능할까요?

이제 우유를 배달하는 것이 생산이라는 것을 이해할 수 있나요? 우유라는 재화에 배달이라는 노동을 조합해 '집까지 우유 배달'이라는 용역을 생산했기 때문입니다. 우유를 먹는 사람들은 그 대가를 지불하고, 그 대가로 기업이 얻는 이윤이 있겠지요? 기업은 그 이윤 중에서 우유를 배달한 사람에게 임금을 나누어 줍니다. 그것이 바로 기업이 임금이라는 형태로 분배하는 것입니다. 기업가가 이윤을 챙기는 것도 바로 분배랍니다.

즉, 분배란 기업이 생산에 이용한 토지, 노동, 자본의 소유자에게 각자의 몫인 지대, 임금, 이자를 대가로 주는 것이지요. 더 간단하게 말하자면 생산에 참가한 구성원들이 서로 나누어 갖는 것이라고 할 수 있습니다. 그런데 분배가 누구에게나 똑같이 이루어지는 것일까요? 한 나라의 소득 분배 상황을 알아볼 수 있는 지표인 '로렌츠 (Lorenz) 곡선'을 보면 그렇지 않다는 것을 알 수 있습니다.

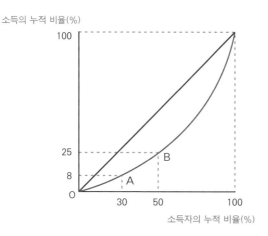

로렌츠 곡선의 가로축은 소득자의 <u>누적</u> 비율을, 세로축은 소득의 누적 비율을 나타내고 있습니다. 분배가 균등하게 이루어졌다면 로렌츠 곡선은 45도 기울어진 대

> **누적**
> 포개어 여러 번 쌓는 것을 말합니다.

각선과 일치해야 합니다. 그 선을 소득이 완전히 평등하게 분배되는 완전 평등선이라고 하지요. 하지만 불행히도 그런 나라는 없답니다.

A 위치의 하위 소득자 30퍼센트의 소득은 전체 소득의 8퍼센트이고, B 위치의 전체 소득자 50퍼센트가 차지하는 소득은 전체 소득의 25퍼센트에 지나지 않듯이, 분배의 불균형을 보이는 나라가 대부분이지요.

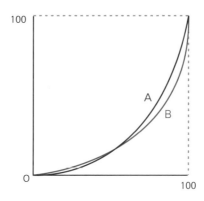

위의 로렌츠 곡선을 통해 A 나라와 B 나라를 비교해 보겠습니다. 저소득층의 경우에는 A 나라의 곡선이 B 나라의 곡선보다 아래쪽에 있습니다. A 나라가 저소득층에서 분배의 불균형이 더 심하다는 뜻이지요. 하지만 고소득층의 경우에는 A 나라의 곡선이 B 나라의 곡선보다 위에 있습니다. 고소득층에서는 A 나라가 B 나라보다 분배의 불균형이 덜하다는 것을 의미하지요. 완벽하게 공평한 분배가 가능할 수는 없겠지만, 그래도 공평한 분배를 위해 가계, 기업, 정부가 함께 노력하는 일은 매우 중요합니다.

기업에도 종류가 있나요?

기업은 한 가지 종류만 있는 것이 아니라 공기업, 대기업, 중소기업 등 여러 종류가 있습니다. 먼저 기업에 자본을 대는 사람이 정부나

지방 공공 단체인지 또는 개인인지에 따라 크게 공기업과 사기업으로 구분할 수 있어요. 국가 또는 공공 단체가 공공의 이익을 위해 운영하는 기업을 공기업이라고 하고, 개인이 이윤 추구를 목적으로 경영하는 기업을 사기업이라고 합니다.

공기업은 공공의 이익을 위한 기업으로 수도, 전기, 도로와 같이 사람들의 생활에 꼭 필요한 재화나 서비스를 생산합니다. 따라서 이득을 얻을 목적으로만 운영하지 않습니다. 하지만 오늘날의 공기업은 설립 목적과 무관한 사업을 하거나 불필요한 조직을 만들고 적자를 내어 문제를 일으키기도 합니다. 그래서 공기업 중에서 사업 내용이 비슷한 기업끼리 통폐합시키고 일부는 없애기도 하지요. 또 일부는 민영화해 사기업으로 만드는데 이를 공기업의 민영화라고 합니다.

사기업은 개인의 이익을 위한 기업으로 자본을 대는 사람이 몇 사람인지에 따라 개인 기업과 공동 기업으로 나눌 수 있습니다. 또 사기업은 돈을 벌 목적으로 세워서 운영하는 영리 기업과 교회, 학교, 사찰 등 돈을 벌 목적이 아닌 비영리 기업으로 나눌 수도 있습니다.

개인 기업이란 한 사람이 자본을 대고 경영하는 것을 말합니다. 즉, 투자와 경영이 일치하는 가장 기본적인 기업 형태이지요. 변호사 사무실, 꽃 가게 등 개인이 운영하는 기업을 개인 기업이라고 할 수 있습니다. 그리고 종업원 수가 적은 중소기업의 대부분이 개인 기업 형태를 취하고 있습니다. 개인 기업은 창업이나 폐업을 쉽게 할 수 있고 의사 결정을 빠르게 할 수 있습니다. 그리고 회사의 비밀을 유지하기 쉽고 경영에 대한 이익과 손해를 혼자 부담하기 때문에 적극적으로 기업을 운영한다는 장점이 있습니다. 하지만 혼자서 자본을 마련해야 하는 어려움도 있고 소유자 혼자만의 결정으로도 기업이 없어질 수 있다는 단점도 있지요.

그리고 자본을 대는 사람이 여러 사람인 기업을 공동 기업이라고 합니다. 주식회사가 공동 기업의 대표적인 예라고 할 수 있습니다.

주식회사
주식 발행을 통해 여러 사람으로부터 자본을 조달하여 만든 회사입니다.

이번에는 기업의 크기에 따라 구분해 볼까요?

기업은 매출액, 종업원의 수, 자본금 규모에 따라 대기업, 중기업, 소기업, 영세 기업으로 나눌 수 있습니다. 나라나 기관마다 그 기준이 조금씩 다르지만 종업원이 300명 이상인 기업을 대기업, 종업원이 50~300명 사이인 기업을 중기업, 종업원이 50명이 안 되는 기업을 소기업, 종업원이 1~4명인 기업을 영세 기업이라고 합니다. 이때 중기업과 소기업을 합쳐서 중소기업이라고 한답니다.

대기업과 중소기업의 기준은 법에 따라 약간 차이가 있습니다. 대기업과 중소기업은 내는 세금이 다르기 때문에 세법에서는 업종마다 대기업과 중소기업의 기준을 제시해 놓고 있지요. 예를 들면 제조업에서는 종업원 수가 200~300명이 되어도 대기업이 아니지만, 무역업이나 정보 처리업 등에서는 같은 종업원 수라도 대기업으로 분류됩니다.

기업은 물건을 만들어 내는 기업과 그렇지 않은 기업으로 구분할 수도 있습니다. 물건을 만들어 내는 기업은 제조업, 서비스를 제공하는 기업은 서비스업으로 분류합니다.

제조업은 각종 원료를 가공하여 새로운 물건을 만들어 소비자에게 제공하는 것입니다. 주로 공장에서 물건을 만들고 있으며 농업, 광업, 제조업, 건설업 등으로 나눌 수 있습니다.

서비스업은 물건을 만드는 것이 아니라 사람들에게 유익함과 안락함을 주고 즐거움을 제공하는 것입니다. 금융업, 통신업, 도매업, 소매업, 병원 등이 서비스업이지요.

기업 가운데는 벤처 기업과 다국적 기업도 있습니다. 벤처 기업이란 새로운 지식이나 기술을 활용하기 위해 시작한 작은 규모의 창조적이고 기술 지향적인 기업으로 비교적 도산 위험성이 높습니다.

미국에서는 다른 기업보다 사업의 위험성은 높으나 성공하면 높은 수익이 보장되는 기업을 벤처 기업이라고 해요. 하지만 우리나라에서는 미국과는 다르게, 다른 기업에 비해 기술이나 성장성이 상대적으로 높아 정부에서 지원할 필요가 있다고 인정하는 기업을 의미한답니다. 그래서 우리나라에서는 '벤처 기업 육성에 관한 특별 조치법'에 벤처 기업이 될 수 있는 기준이 나와 있고, 이 기준을 갖추면 벤처 기업으로 인정받아 국가의 지원을 받을 수 있습니다.

다국적 기업이란 말 그대로 여러 나라에서 활동하는 기업입니다. 그래서 초국적 기업, 세계 기업이라고도 하지요. 다국적 기업은 한 나라에 본사를 두고 그 본사에서 구상한 전략에 따라 세계 각지에 자회사, 지사, 공장 등을 확보하여 생산과 판매를 국제적으로 하고 있습니다. 즉, 기업에 이익이 되면 어느 나라에서든 활동하는 기업으로 19세기부터 많이 생겨났습니다. GM, 포드 등의 자동차 회사, IBM 등이 대표적인 다국적 기업입니다. 이러한 다국적 기업은 많은 나라에서 일자리를 제공하고 선진 경영 기법이나 기술들을 가르쳐 주기도 한답니다.

주식으로 만드는 회사

작은 가게를 차리거나 주식회사처럼 큰 회사를 차리는 것을 모두 창업이라고 합니다. 창업을 하려면 먼저 자신이 잘할 수 있는 창업 아이템을 정해야 합니다. 창업 아이템 상담은 창업 컨설팅 업체나 중소기업청 소상공인 지원 센터 등에서 받을 수 있습니다. 창업 아이템이 결정되면 창업하고 싶은 곳에 같은 업종이 있는지 직접 답사하면서 조사하는 과정이 필요합니다. 그렇게 현장 조사를 한 후 신중하게 창업을 결정해야겠지요.

다음으로 창업을 하기 위해서는 밑천이 되는 창업 자금이 필요합니다. 작은 가게 등은 주인이 직접 창업 자금을 마련하지만 큰 회사는 주식을 발행하여 창업 자금을 마련할 수 있습니다.

창업을 결정했다면 관할 세무서에 사업자 등록을 접수합니다. 이때 개인 사업자의 경우에는 사업자 등록 신청서, 주민 등록 등본, 사업 허가증 사본을 준비해서 관할 세무서에 신청합니다. 하지만 주식회사를 설립할 경우에는 3인 이상의 발기인이 발기인 조합을 구성

모회사

자회사

하여 상법에 따른 여러 가지 서류를 준비해서 관할 법원이나 등기소에 법인 등기를 신청해야 하지요. 조금 더 복잡하고 불편하겠지요?

발기인
앞장서서 어떤 일을 할 것을 주장하는 사람을 뜻하는 말로, 법률에서는 주식회사의 설립을 기획하여 정관에 서명한 사람을 의미합니다.

그렇다면 주식회사란 무엇일까요? 주식회사란 주식의 발행으로 설립된 회사를 말합니다. 즉, 기업가가 주식을 발행해서 여러 사람에게 팔아서 모은 돈으로 회사를 세우고 경영하는 기업이지요. 주식을 팔아 모은 돈으로 자본금을 만든다고 생각하면 쉽답니다.

회사가 발행한 주식을 소유한 개인이나 기업을 주주라고 하지요.

주주는 소유 주식 수에 따라 대주주와 소액 주주로 나눌 수 있고, 일정량 이상을 가진 대주주는 회사 경영에 직간접으로 참여할 수도 있습니다. 주식회사는 오늘날 기업 가운데서도 가장 발달한 고도의 기업 형태로, 회사의 소유와 경영이 나누어져 있는 것이 특징입니다.

만약 A라는 회사를 만들 때 B라는 회사가 A 회사의 주식을 많이 샀다고 가정해 봅시다. 즉, 투자를 많이 한 셈이지요. 그럴 때는 B 회사가 A 회사의 사업 활동을 지배 또는 관리하며 영향력을 행사할 수 있게 됩니다. 이렇게 주식을 소유함으로써 다른 회사의 사업 활동을 지배하는 회사를 지주 회사라고 합니다. 이때 어느 회사가 다른 회사의 발행 주식 총수의 $\frac{1}{2}$이 넘는 주식을 소유하는 경우 전자를 모회사, 후자를 자회사라고 합니다.

주식회사는 법인체이기 때문에 회사를 경영하는 의사를 결정하고, 업무를 집행하며, 감독·감사를 담당하는 기관이 있어야 합니다. 이것을 위해 주식회사는 주주 총회와 이사와 이사회 및 대표 이사, 그리고 감사의 세 기관을 가지고 있습니다.

주주 총회는 주주가 자신의 의사를 직접 발표하는 과정을 거쳐 회사의 의사를 결정하는 최고 의사 결정 기관입니다. 이사회는 주주 총회에서 선임된 이사로 구성되고, 대표 이사는 이사회에서 선임하게 되지요. 감사도 주주 총회에서 선출하며 회계 감사와 업무 감사를 한답니다. 그래서 주식회사를 만들기 위해서는 최소 대표 이사 1인, 이사 2인, 감사 1인 등 네 명이 필요합니다.

주주란 주식을 가지고 직접 또는 간접적으로 회사 경영에 참여하고 있는 개인이나 법인을 말한다고 했지요? 그런데 수많은 주주가 직접 경영에 참여할 수는 없어요. 그래서 주주들은 자신이 소유한 주식만큼 의결권을 가지고 주주들의 의사 결정 기관인 주주 총회를 통해 주주들을 대신해서 기업을 경영할 이사진을 선출합니다. 보통 회사의 이사진은 회장, 사장, 전무, 상무, 이사 등으로 구성되지요.

그리고 이사진에서 기업을 대표할 경영자를 선출하는데 그 사람을 대표 이사 또는 사장, CEO(Chief Executive Officer: 기업 최고경영자)라고 부릅니다. CEO는 통상적으로 최고경영자일 뿐만 아니라 회사를 대표하는 직책으로 회사의 모든 경영을 책임지고 있습니다. 그런데 경영자는 각 나라마다 조금씩 의미가 다릅니다. 일반적으로 CEO, 회장, 사장 등을 같이 사용하는 경우가 많지만, 회사 규모나 구조에 따라 CEO, 회장, 사장을 분리하여 사용하는 경우도 있기 때문이지요. 주식회사에서는 회사 경영권이 주주들의 뜻에 따라 주어집니다.

이제 주식회사를 조금 이해하게 되었나요? 그렇다면 주주들은 어떻게 이윤을 얻을까요? 주식회사에서는 이익이 생기면 회사의 주인인 주주에게 나누어 줘요. 그것을 배당이라고 하지요. 주주들은 배당을 통해 이득을 얻을 수도 있고 자기가 산 주식을 비싸게 팔아서 이득을 얻을 수도 있답니다.

이때 주식을 사고파는 곳이 바로 증권 거래소예요. 하지만 증권 거래소에서 모든 회사가 발행하는 주식을 사고팔 수 있는 것은 아니에요. 모든 주식이 검증 없이 매매된다면 좋지 않은 회사의 주식을 사는 사람들이 손해를 입을 수 있기 때문입니다.

그래서 증권 거래소는 회사의 크기나 경영 상태 등 엄격한 기준을 정하고 그 기준을 통과한 기업이 발행한 주식만 매매되도록 자격을 주는데 이를 상장이라고 해요. 이렇게 상장할 수 있는 주식을 발행한 회사를 상장 회사라고 하지요. 즉, 상장 회사란 증권 거래소에서 주식을 팔 수 있는 회사랍니다.

그런데 기업은 주식으로 인해 다른 회사에게 합병될 수 있어요. 합병은 법률적으로나 실질적으로 두 개 이상의 기업들이 하나의 기업으로 합쳐지는 것을 말해요. 주식회사의 경우에는 보통 기업 인수 합병을 뜻하는 M&A(Mergers and Acquisitions) 방식으로 합병이 이루어지고 있지요. 즉, 회사의 주식을 사들여 소유권을 얻는 것이에요. M&A에는 상대 기업의 동의를 얻고 그 기업의 경영권을 얻는 우호적 인수 합병과, 상대 기업의 동의 없이 그 기업의 경영권을 얻는 적대적 인수 합병이 있답니다.

이제 회사를 만드는 과정과 주식회사의 의미를 알겠지요?

기업들의 경쟁

기업의 목적은 가능한 한 많은 이윤을 얻는 것입니다. 기업의 이윤은 기업의 총수입에서 제품을 만들기 위한 노동과 자본 등을 구입하는 데 쓰인 비용을 뺀 것이지요. 기업이 이윤을 얻기 위해서는 기업

가가 창의력을 발휘하여 합리적인 경영을 해야 하고, 소
비자의 요구를 파악해 값싸고 질 좋은 상품을 생산해야
해요. 물론 사회가 정한 법과 제도를 지키며 건전한 방
법으로 이윤을 얻어야 합니다.

　기업은 더 많은 이윤을 얻기 위해서 다른 기업과 다
양한 방법으로 경쟁을 합니다. 먼저 기업들은 제품으로 경쟁합니다.
제품을 더 많이 팔기 위해 우수한 생산 기술을 개발하고 다른 기업
보다 더 싼 제품을 생산하려고 노력하지요. 뿐만 아니라 다른 기업
보다 품질이 우수하고 멋진 디자인을 갖춘 제품을 만들려고 합니다.
시장에서는 소비자들이 좋은 품질의 제품을 싸게 구입하려고 하기
때문이지요.

　기업은 광고를 통해서 경쟁합니다. 광고는 소비자를 대상으로 하
여 제품 판매와 서비스 이용, 기업 이미지 제고에 필요
한 정보를 매체를 통해 전달하는 모든 행위를 말합니다.
기업은 전달하고자 하는 내용을 신문, 잡지, 라디오, 텔

제고
쳐들어 높이는 것입니다.

레비전 등 다양한 형식으로 소비자에게 광고합니다. 광고를 통해 되
도록 많은 소비자에게 제품 또는 서비스의 존재를 알려 판매를 늘리
는 것이 목적이지요.

　광고는 기업이 생산하는 제품 및 서비스의 판매를 높이기 위한
제품 광고와, 기업의 사회적 공헌이나 기업 경영의 중요성을 알려
기업에 대한 신뢰를 높이기 위한 비제품 광고로 나눌 수 있습니다.
비제품 광고는 기업 광고 또는 이미지 광고라고도 부르지요. 김연아

선수나 박태환 선수처럼 스포츠 선수를 후원하는 것도 이미지 광고의 한 방법이에요.

기업들은 서비스를 통해 경쟁하기도 합니다. 무료로 제품을 배달하고 설치해 주며 고장 난 제품을 고쳐 주는 등 다른 기업보다 나은 서비스를 제공하려고 노력하지요.

또한 기업은 정보를 통해 경쟁합니다. 현대 사회는 정보에 의해 성패가 좌우되는 정보 사회입니다. 무한 경쟁 시대에서 살아남기 위해서 기업들은 정보가 없이는 전략이 없다고 생각해 정보 역량을 높이기 위해 노력합니다. 기업의 정보 전쟁은 공격 활동과 방어 활동으로 구분할 수 있습니다. 공격 활동은 정보의 수집이고 방어 활동은 정보 보안입니다. 이 두 가지 활동에서 뒤처지는 기업은 생존 자체를 위협받게 됩니다.

이렇게 기업 경쟁을 하면 어떤 점이 좋을까요? 소비자들은 보다 우수한 제품을 더 싼 가격에 구입할 수 있으며 더 나은 서비스 혜택을 받을 수 있습니다. 그리고 기업들은 가격, 품질, 디자인이 더 우수한 제품을 만들기 위해 노력하는 긍정적인 효과를 얻을 수 있지요. 기업 간의 자유롭고 공정한 경쟁은 결국 우리 경제를 발전시킵니다.

허위
진실이 아닌 것을 진실인 것처럼 꾸미는 것을 의미합니다.

하지만 허위 광고나 과장 광고로 인해 불공정한 경쟁이 이루어지면 소비자들이 피해를 입을 수 있습니다. 또, 기업들이 품질 경쟁은 하지 않고 광고 경쟁에만 힘을 쏟을 경우 과다한 광고비로 인해 상품의 가격이 오를 수도 있지요. 이렇게 되면 기업에 대한 소비자의 불신이 높아지겠지요?

불공정 경쟁으로는 정경유착을 통한 부정행위, 기업 담합, 독점 기업의 가격 횡포, 허위 및 과대광고, 부당 고객 유인 등이 있어요. 특히 독점과 담합은 소비자를 우롱하는 대표적인 불공정 경쟁입니다. 여기에서 '독점'은 어떤 상품을 오직 하나의 기업이 생산하고 판매하는 경우를 말해요. 독점은 소비자들에게 좋지 않은 영향을 줍니다. 기업이 일방적으로 상품 가격을 올려도 소비자들은 선택의 여지가 없어서 그 제품을 구매해야 합니다. 품질 개선과 서비스 면에서 소비자들이 혜택을 누리지 못할 수 있습니다.

정경유착
정치계와 경제계가 서로 자신의 이익을 얻으려고 깊은 관계를 가져 하나가 되는 일을 뜻합니다.

'담합'은 한 사업자가 다른 사업자와 짜고 가격을 정하거나 거래 상대방을 제한하여 공정한 경쟁을 하지 못하게 하는 행위를 말해요. 담합이 이루어지면 기업 간 경쟁이 이루어지지 않고 제품 가격을 높은 수준으로 유지하거나 인상시켜 소비자에게 불이익을 주는 경우가 많아지지요.

그렇다면 불공정한 경쟁은 어떻게 막을 수 있을까요? 가계에서 기업의 불공정한 거래를 막을 수 있을까요? 가계도 담합해서 불매 운동 등으로 이를 막으려는 노력을 할 수 있지만 현실적으로 힘든 부분이 많습니다. 그래서 불공정한 경쟁이 이루어지지 않도록 정부가 나서게 됩니다.

정부에서는 불공정한 경쟁을 없애기 위해 공정 거래법을 만들고 공정 거래 위원회를 설치합니다. 공정 거래법은 한 기업의 시장 집중을 막고 공정한 경쟁을 촉진함으로써 소비자를 보호하고 국민 경제의 균형 있는 발전을 도모하기 위해 만든 법입니다. 그래서 공정 거래법에서는 독과점을 억제하고 불공정 거래 행위를 금지하고 있습니다.

경제 활동 중 생산의 주체인 기업은 크기에 따라 대기업과 중소기업으로 나뉩니다.

기업은 주인이 한 명이냐 그렇지 않으냐에 따라 개인 회사와 주식회사로 나뉩니다.

이 회사는 나 혼자 투자하고 만든 회사로 내가 주인입니다.

우리는 이 회사에 투자하고 주식을 받았죠. 우리 모두가 이 회사의 주인이랍니다.

주식 회사

개인 회사

우리 힘을 합해서 시장에서 큰 영향력을 발휘하자.

기업은 때때로 다른 기업과 합쳐지기도 해요. 이를 M&A라고 부릅니다.

우호적인 M&A는 서로에게 이익이 되지만, 상대 기업의 동의 없이 경영권을 얻는 M&A는 마찰을 빚기도 합니다.

경쟁도 중요하지만 공정함이 생명! 불공정한 경쟁은 제재를 받게 됩니다.

반칙은 금물!

공정거래위원회

정부의 경제 활동

정부는 소비와 생산을 모두 하는 경제 주체입니다. 정부는 가계와 기업에게서 세금을 받아 도로, 국방, 교육, 행정 등의 공공재를 제공하는 생산 활동을 하지요. 뿐만 아니라 각종 제도와 규칙을 만들어 시장 경제 질서를 위협하는 요소를 제거하고 시장 경제 질서를 유지합니다. 다양한 정부의 활동에 대해 자세히 알아보아요.

왜 정부의 역할이 커질까요?

앞에서 우리는 가계와 기업만으로 이루어지는 경제를 민간 경제 또는 사경제라고 배웠습니다. 그리고 정부만으로 이루어지는 경제를 정부 경제 또는 공경제라고 했지요. 그런데 시장 원리를 기본으로 가계와 기업의 민간 경제만으로 경제 활동이 이루어질 수는 없을까요? 정부의 역할이 왜 강조되는 것일까요?

근대 자본주의 시절의 정부는 시장 원리를 강조하며 소극적인 역할을 했습니다. 이를 야경국가라고 하지요. 야경국가는 국가가 기본적인 치안만 유지하는 등 최소한의 역할만 하고 시장에 개입하지 않습니다. 시장경제주의자는 정부의 필요성 자체를 부정하지는 않았지만 정부 역할을 최소한으로 줄여야 한다고 했지요.

특히 자유주의 경제학의 권위자인 애덤 스미스는 정부의 역할을 국방과 치안, 공정한 사회 질서 확립, 공공사업 운영 등 세 가지로 한정했어요. 즉, 애덤 스미스는 정부가 민간 경제에 개입해서는 안 된다고 주장했지요.

그런데 이는 거꾸로 생각하면 국방과 치안 같은 부분은 시장 원리로 해결되지 않는다는 것을 인정하는 것입니다. 즉, 정부의 중요한 역할이 국방과 치안 서비스임을 보여 주고 국방과 치안이 잘 유지되지 않으면 시장 경제가 실패하기 쉽다는 것을 뜻하지요.

밤에 길을 갈 때 가로등을 본 적이 있지요? 그 가로등은 누가 왜 만들었을까요? 가로등 근처에 사는 사람이 만들었을까요? 아니면, 기업에서 만들었을까요?

가로등, 도로, 공항 등은 가계나 기업에서 만든 것이 아닙니다. 우리가 살아가는 데 필요한 재화와 서비스는 대부분 기업에서 생산하지만, 살아가는 데 꼭 필요한데도 기업에서 생산하지 않거나 생산할 수 없는 것들도 있습니다. 도로, 공항, 철도 등과 같이 막대한 돈이 소요되는 사회 간접 자본의 건설을 민간 기업이 담당하는 데에는 한계가 있기 때문입니다. 그리고 이윤이 거의 남지 않기 때문에 생산하지 않기도 하지요.

이렇게 가로등, 도로, 철도, 공항 등 여러 사람이 공동으로 사용하는 재화와 국민의 생명과 건강을 지키는 국방, 치안, 소방 등의 서비스를 공공재라고 합니다. 즉, 공공재는 여러 사람이 공동으로 사용할 수 있는 재화, 서비스 등을 말하지요. 이러한 공공재는 국민이 생활하는 데 필요한 것들입니다. 하지만 가계나 기업에서는 생산하지 않기 때문에 정부에서 생산한답니다.

　정부는 이러한 공공재의 생산에 직접 또는 간접적으로 관여하여 가계와 기업에 제공합니다. 그리고 이러한 일을 하기 위해 공무원을 뽑아 기업에서 생산된 재화와 서비스를 삽니다. 즉, 정부는 가계, 기업과 함께 체제 안에서 생산자인 동시에 소비자로서 경제 활동을 하고 있습니다.

　그렇다면 공공재를 가격과 소비와 관련지어 살펴볼까요? 먼저 가격의 측면에서 모두 함께 사용할 수 있다는 것은 가격을 지불한 사람뿐 아니라 지불하지 않은 사람도 똑같이 사용하거나 혜택을 받을 수 있어야 한다는 뜻입니다.

　대표적인 공공재인 치안이나 소방, 도로의 사용을 떠올려 보세요. 세금을 내지 않은 사람은 도둑이 들어도 보호해 주지 말아야 할까요? 화재가 나도 도움을 주지 말아야 할까요? 세금을 내지 않았다고 도로 사용을 막아야 할까요? 그럴 수는 없습니다. 공공의 성격은 대가를 지불하지 않아도 그 사람을 배제할 수 없는 것이지요. 이러한 공공재의 성격을 '비배제성'이라고 해요. 가계와 기업에서의 가격 논리와는 전혀 다르지요?

　또한 소비 측면에서 모두 함께 사용할 수 있다는 것은 자신의 소비와 다른 사람의 소비가 관련이 없다는 뜻이에요. 만약 내가 소비를 많이 해서 다른 사람의 소비가 줄어든다면 경쟁이나 다툼이 발생하겠지요. 하지만 치안, 소방의 서비스를 받거나 도로를 많이 사용한다고 해서 다른 사람의 소비나 사용에 영향을 끼치지는 않아요. 이처럼 서로 경합하지 않는 재화나 서비스인 공공재의 성격을 '비경합성'이라고 합니다.

이렇게 공공재는 비배제성과 비경합성의 특성을 동시에 가지고 있는 재화나 서비스라고 말할 수 있어요. 그리고 비배제성과 비경합성을 완벽하게 갖춘 공공재를 순수 공공재라고 합니다. 그런데 여기에도 문제점은 있습니다. 공공재의 두 가지 특성 중 한쪽의 특성이 다소 불완전한 경우가 있을 수 있기 때문이지요.

도로의 경우 세금 등의 비용을 지불하지 않은 사람도 차를 타고 이용할 수 있는 비배제성이 있고, 차를 타고 도로를 이용한다고 해서 다른 사람이 도로 사용을 할 수 없다는 등의 영향을 끼치지 않는 비경합성도 있습니다. 물론 차가 너무 많아져 사용에 불편이 생기면서 비경합성에 문제가 발생했지만요. 그래서 막히는 도로는 더 이상 순수 공공재가 아니라 비배제성은 있지만 비경합성이 사라진 비순수 공공재 또는 준공공재가 된 것이지요.

정부가 공급하는 의료 서비스, 교육, 주택 서비스는 경합성과 배제성이 있다고 볼 수 있습니다. 특히 주택은 경합성과 배제성이 존재하는 재화입니다. 그래서 굳이 정부가 공급하지 않아도 되지만, 주택의 경우 인간 생활에 미치는 영향이 크기 때문에 국민 주거 생활의 안정을 위해 정부에서 주택 서비스를 제공하는 것입니다.

정부의 수입은 무엇일까요?

정부에서 다양한 생산과 소비를 하기 위해서는 돈이 필요하겠지요?
정부는 돈을 어떻게 마련할까요? 정부가 돈을 마구 찍어서 생산과
소비를 하는 것일까요?

정부가 쓰는 돈은 가계와 기업으로부터 거둬들이는 세금과 공기
업을 운영하여 버는 수입, 국채의 발행 등으로 충당하고
있습니다. 이렇게 정부가 나라 살림에 필요한 돈을 마련
하고 사용하는 경제 활동을 '재정'이라고 합니다. 이때
돈을 마련하는 것을 '세입', 돈을 쓰는 것을 '세출'이라고
합니다.

> **국채**
> 국가가 재정상의 필요에 따라 국가의 신용으로 설정하는 빚을 이르는 말입니다.

먼저 정부가 경제 활동에 필요한 돈을 거두어들이는 '세입'에 대
해 알아볼까요? 세입은 조세 수입과 세외 수입으로 이루어지는데,
대체로 조세 수입의 비중이 더 큽니다. 이때 조세를 다른 말로 세금
이라고 해요.

그렇다면 세입 중에서 조세 수입에 해당하는 세금이란 무엇일까
요? 세금이란 정부 기관이 특정한 목적의 달성 등을 위하여 개개인
에게 소득 또는 행위에 대하여 징수하는 것입니다. 과세 주체나 성
질에 따라 다양한 세금이 있지요.

먼저 세금은 과세 주체에 따라 국세와 지방세로 나눌 수 있어요.
국세는 국가가 부과 징수하는 세금으로 소득세나 부가 가치세 등이
있습니다. 그리고 지방세는 지방 자치 단체가 부과 징수하는 세금으

로 재산세나 자동차세 등이 있어요. 즉, 월급 등의 소득에서 떼어 가는 세금은 중앙 정부의 세입이 되는 것이고, 토지나 건물 등의 재산을 가진 사람이 내는 재산세와 자동차를 가진 사람이 내는 자동차세 등은 지방 자치 단체의 세입이 되는 것이지요. 그렇다면 비싼 토지와 건물을 많이 가지고 있는 지방 자치 단체가 세입이 많아지는 것은 당연하겠지요?

그리고 세금은 직접세와 간접세로 나눌 수 있어요. 직접세는 납세 의무자와 실질적으로 그 세금을 부담하는 자가 같은 세금이에요. 즉, 부모님이 일을 해서 번 소득의 일부를 내는 소득세, 회사가 영업을 해서 번 돈의 일부를 내는 법인세, 주민세, 취득세 등이 있지요. 그리고 간접세는 납세 의무자와 실질적으로 그 세금을 부담하는 자가 일치하지 않는 세금이에요. 예를 들면 부가 가치세, 특별 소비세, 담배 소비세 등이 있지요.

먼저 소득세, 재산세, 상속세 등은 소득이 많은 사람은 많이 내고 소득이 적은 사람은 적게 내는 세금이에요. 그리고 본인이 직접 내야 하는 직접세에 해당하지요. 부가 가치세는 우리 눈에 보이지 않게 물건에 붙어 있는 세금으로 간접세예요. 우리가 사서 쓰는 대부분의 물건 가격에는 물건 가격의 10퍼센트 정도에 해당하는 부가 가치세라는 세금이 포함되어 있지요. 부가 가치세는 누구나 같은 세율로 내는 세금이랍니다.

그 외에 세금은 용도에 따라 보통세와 목적세로 나눌 수 있어요. 보통세는 일반적인 용도로 사용되는 세금으로 취득세나 등록세를 말해요. 그리고 목적세는 특정한 용도로만 사용되는 세금으로 지방 교육세, 도시 계획세 등이 있지요.

그렇다면 세외 수입으로는 무엇이 있을까요? 세외 수입은 세금 외의 정부 수입으로, 정부가 소유하고 있는 건물, 토지 등을 팔거나 빌려 주었을 때 얻는 수입, 수수료, 입장료, 과태료, 벌금 등의 수입과 부족한 재정을 메우기 위해 국채를 발행하여 조달하는 수입 등이 있습니다.

정부가 세금을 걷기만 하고 국민들을 위해 쓰지 않는다면 국민들이 세금을 내지 않겠지요? 그래서 정부는 걷은 세금을 국민들을 위해서 써요. 이를 세출이라고 하고, 1년 동안 국가에서 쓰인 모든 지출을 의미하지요.

정부는 세금 등으로 거두어들인 돈을 가지고 여러 가지 일을 하고 있어요. 대부분 공공재를 공급하고 공공 서비스를 제공하는 데 쓰이는데, 보통 가장 큰 비중을 차지하는 것은 교육비입니다. 그리고 그다음은 경제 개발비로, 농수산 해양 지원, 산업 지원 및 육성, 도로, 철도, 항구 등 사회 간접 자본 확충 등을 위해 쓰이고 있지요.

또한 국방 및 사회 복지에도 많은 재정 자금이 사용되고 있다는 것을 알 수 있습니다. 그 밖에도 공무원에게 월급을 주고 민간이 생산한 재화나 서비스를 살 때도 그 돈을 씁니다. 정부가 빌린 채무에 대한 이자도 그 돈으로 지급하며, 건강 보험, 실업 보험, 사회 보조금 등 가계나 기업에 보조금을 주기도 하지요.

그런데 이러한 재정 지출의 규모와 내용은 시대와 경제, 사회 상황에 따라 달라져요. 오늘날에는 정부의 활동 영역이 교육과 사회 간접 자본 건설은 물론 경제적 약자를 지원하기 위한 사회 복지 확충, 환경 보호, 과학 기술 지원 등으로 더욱 넓어지면서 이와 관련된 재정 규모가 점점 늘어나고 있습니다.

근대 자본주의 초기에 경제학자들은 정부의 세입과 세출은 정부의 행정적 역할에만 쓰이는 것이 가장 좋다고 생각했어요. 경제는 시장 원리에 의해 돌아가는 것이 이상적이라고 여겼기 때문이지요. 그런데 1929년 미국의 대공황 이후 케인스라는 학자를 중심으로 국민 경제에서 정부 지출이 차지하는 비중이 매우 높다는 것을 인식하게 되었어요.

미국은 1920년대에 경제 호황을 누렸는데 1929년 주식 시장이 붕

괴되면서 경제가 빠르게 무너지기 시작했습니다. 1932년까지 미국 노동자의 $\frac{1}{4}$이 실직할 정도였으니까요. 많은 사람들이 소득이 없으니 소비를 할 수 없었고, 소비가 안 되니 기업에서 물건을 만들지 못하게 되어 자연스럽게 실직자가 더 늘어나는 경제 대공황이 일어난 것입니다.

이때 경제학자들은 경제 공황 상태에서 정부가 의도적으로 지출을 증가시키면 경제 활성화에 기여할 수 있다고 주장했습니다. 즉, 가계와 기업 등 민간 부문의 수요가 위축되어 있을 경우에 정부가 적극적인 경제 정책을 펴서 경기를 활성화시킬 수 있다는 것이었죠.

결국 미국의 루스벨트 대통령은 정부 주도로 대규모 공사를 많이 시작하게 했어요. 이를 통해 국민들에게 일자리를 제공했고, 일을 하고 소득을 얻게 된 사람들이 물건을 사며 소비하기 시작했습니다. 이에 기업들이 물건을 만들기 시작했고 점점 일자리가 늘어나게 되었지요. 이것을 뉴딜(New Deal) 정책이라고 합니다. 미국 정부는 뉴딜 정책으로 대공황을 극복할 수 있었고, 그 후 이 같은 정부의 적극적인 역할은 전 세계로 확산되었답니다.

그런데 정부의 세입과 세출에 대한 계획인 예산은 정부가 결정하는 게 아닙니다. 정부가 계획을 세우면 국회에서 심의하고 조정한 뒤 결정을 하지요. 그리고 국회는 경제에 관련된 법을 만들어서 가계나 기업의 부정부패를 막는 역할도 한답니다.

정부가 책임 있는 재정 활동을 하기 위해서는 예산을 세울 때 재정 지출이 가져오는 효과를 먼저 생각해야 합니다. 그리고 예산 집행 과정에서 비효율적인 부분을 줄이고 투명하고 공정하게 운영해야 하지요.

개인과 기업의 감시자, 정부

경제학에서 정부의 역할 중 직접적인 재화와 용역의 생산보다 더 중요하게 여기는 것이 있어요. 바로 민간 경제가 잘 돌아갈 수 있도록 하는 심판과 감독의 역할입니다. 축구 경기를 할 때 심판이 없으면 어떻게 될까요? 경기가 공정하게 이루어질 수 없겠지요? 시장도 마찬가지입니다. 시장은 경쟁의 장소이고 경쟁에서 가장 중요한 것은 규칙의 준수입니다. 만약 시장에서 공정한 규칙이 사라지면 불법과 탈법으로 인해 혼란스러워지고 결국 시장이 무너지고 말지요.

우리나라는 석유라는 자원을 모두 수입에 의존합니다. 그런데 석유를 수입하고 주유소에 기름을 공급하는 여러 기업이 모여서 기름값을 올리자고 몰래 약속해 버린다면 어떤 일이 벌어질까요? 사람들은 자동차를 움직이기 위해서 기름을 사지 않을 수 없기 때문에, '왜 기름값이 올랐지?' 하고 궁금해하면서도 기름을 사서 쓸 수밖에 없습니다. 그렇게 되면 국민들은 비싼 값을 치르고 기름을 사고, 기업들은 이윤을 많이 남기게 되겠지요. 그럴 때 정부의 역할이 필요해집니다.

즉, 정부는 시장의 원활한 운영과 공정한 경쟁을 위해 심판과 감독의 역할을 수행합니다. 더불어 정부는 시장 경제 질서를 유지하기 위해 각종 규칙과 제도를 정비하고 시장 경제 질서를 위협하는 요소를 제거하지요. 또, 정부는 기업들이 허위 광고나 과장 광고하는 것을 막으며 소비자인 가계에 올바른 정보를 제공하게끔 합니다. 그 밖에 기업이 독과점 및 불공정 거래를 할 경우 이를 단속하고 시정 명령을 내리며 때로는 법적인 처벌도 한답니다.

정부는 물가를 관리하는 일도 합니다. 국민들은 가격에 민감하게 영향을 받기 때문에 정부는 항상 물가 상승률에 신경 쓰고 이를 낮추기 위해서 노력합니다. 경제학에서 가격은 수요와 공급에 의해서 결정되지요. 어떤 물건을 사는 사람이 파는 사람보다(공급보다 수요가) 많으면 가격이 오르고, 반대로 사는 사람보다 파는 사람이(수요보다 공급이) 많아지면 가격이 내리지요. 그리고 물건을 만드는 주재료인 원자재 가격이 올라가거나 임금이 상승하면 물건을 만드는 데 들어가는 비용이 많아지므로 물건의 가격도 오릅니다. 즉, 물가가 올라가는 것이지요.

그런데 아이스크림 가격이 500원이었는데 1000원이 되었다면 이는 공급보다 수요가 많아져서일까요? 이것은 단순히 수요와 공급의 법칙으로 설명할 수 없는 부분입니다. 물건이 일정하지만 유통되는 돈에 따라서 물건의 가격이 500원이 될 수도 있고 1000원이 될 수도 있기 때문입니다.

그래서 물가가 올랐다는 것은 아이스크림 가격이 오른 것이 아니라 물건의 가격을 표시하는 통화, 즉 돈의 가치가 떨어진 것이라고도 할 수 있습니다. 만들어지는 물건들보다 돈이 더 많이 유통되면 돈의 가치가 떨어지는 것이지요.

이렇게 나라에 유통되는 화폐의 양을 '통화량'이라고 합니다. 통화량은 중앙은행에서 집계해서 너무 넘치거나 모자라지 않게 조절합니다. 중앙은행에서는 보통 이자율로 통화량을 조절합니다. 중앙은행이 결정하는 이자율을 기준 금리라고 부르지요.

중앙은행
한 나라의 금융과 통화 정책의 주체가 되는 은행을 가리킵니다.

그런데 기준 금리를 낮추면 어떻게 될까요? 돈을 빌려서 자동차를 할부로 사려고 하는 사람이 있어요. 그런데 대출에 10퍼센트의 이자가 붙다가 기준 금리가 낮아져서 5퍼센트 이자가 붙는다면 어떤 마음이 들까요? 자동차를 빨리 사고 싶다는 마음이 들겠지요? 기준 금리를 낮춘다는 것은 바로 이러한 수요를 자극하는 방법입니다.

또한 기준 금리가 낮아지면 대출 이자에 대한 부담이 덜어져 가계나 기업들이 은행에서 돈을 빌려 필요한 물건을 사게 됩니다. 이렇게 수요가 늘어나면 당연히 물가가 오르겠지요? 그래서 통화량은 물가 변동의 가장 큰 원인이라고 할 수 있습니다.

이번에는 이러한 물가와 관련된 낱말에 대해 알아보도록 하겠습니다. 인플레이션은 일정 기간 동안 물가가 지속적으로 상승하는 것을 뜻합니다. 통화량으로 풀이하면 지속적으로 통화량이 증가하는 현상이지요. 통화량이 증가한다는 것은 돈이 많이 풀린다는 뜻이고, 돈이 많이 풀리면 수요가 증가하게 되어 재화의 가격인 물가가 올라가겠지요?

그러다가 통화량이 급격하게 줄어들면 어떻게 될까요? 소비자들의 수요 욕구가 줄어들고 공급의 증가로 인해 재화의 가격인 물가가 떨어지겠지요? 이런 현상을 경기 침체라고 해요. 그렇게 되면 생산을 하는 기업에서는 직원들의 수를 줄이고 경제 활동이 침체됩니다. 이런 현상을 디플레이션이라고 하며, 인플레이션의 반대 개념이라고 생각하면 됩니다.

디플레이션으로 인해 경기 침체가 지속될 경우에 정부는 과도한 인플레이션이 오지 않을 만큼 돈을 풀어야 합니다. 제일 쉬운 방법은 금리를 낮추는 것인데, 그렇게 하면서 인플레이션이 되지 못하게 하는 것을 리플레이션이라고 합니다. 리플레이션이란 주어진 항아리에 넘치지 않을 정도로 물을 채우는 것과 같아서 리플레이션을 성공시키는 것은 매우 어려운 일입니다.

그런데 어떤 경우에는 경기가 좋지 않은데도 물가가 오르는 경우가 있습니다. 산업 전반에 영향을 미치는 원유 가격이 급등해 모든 물가가 갑자기 올라 버리는 경우를 예로 들 수 있지요. 이런 현상을 스태그플레이션이라고 합니다. 스태그플레이션은 경기 침체를 의미하는 스태그네이션과 물가 상승을 의미하는 인플레이션의 합성어로, 경기가 침체하는데 물가가 오르는 현상을 말합니다.

스태그플레이션이 오면 사람들이 생활하기가 정말 힘들어집니다. 소득은 줄어드는데 물가가 오르기 때문이지요. 이 경우 정부가 돈을 풀면 물가가 더 오를 수 있고, 돈을 줄이면 경기가 더 악화될 수 있기 때문에 상황이 매우 어려워집니다.

　예를 들어 1990년에 브라질과 아르헨티나는 물가가 2000퍼센트 이상 올랐습니다. 이렇게 급격하게 발생하는 인플레이션을 하이퍼 인플레이션이라고 합니다. 이럴 때는 돈의 가치가 너무 떨어져서 지폐를 찍는 종이값만도 못한 가치가 되지요.

　짐바브웨는 2008년 1년 동안 물가 상승률이 2억 퍼센트 이상을 기록했어요. 그래서 100조 짐바브웨 달러 지폐까지 만들어졌습니다. 그렇게 돈의 가치가 떨어지자 돈을 땔감으로 쓰는 일까지 벌어졌답니다.

　결국 짐바브웨는 1조 짐바브웨 달러를 1짐바브웨 달러로 바꾸는

리디노미네이션을 단행했어요. 리디노미네이션은 이렇게 화폐 단위를 바꾸는 것을 말하지요. 하지만 그것도 실패해서 짐바브웨 정부는 자기 나라의 화폐를 포기하고 미국 달러화를 공식적인 거래 수단으로 채택하게 됐습니다. 정부가 물가를 잡는다는 것이 쉬운 일이 아니라는 것을 알 수 있지요?

정부의 성공과 실패

경제는 시장 원리에 의해 돌아가는 것이 이상적입니다. 하지만 여러 가지 이유로 그러지 못할 때 시장 실패라고 합니다. 기업이 독과점을 해서 생산량을 줄이고 가격을 상승시켜 가계에 부담을 주는 것, 기업이 생산하는 과정에서 환경을 오염시키는 것, 기업들의 위법 행위가 늘어나는 것 등이 시장 실패라고 할 수 있습니다.

그렇다면 정부는 실패하지 않을까요? 만약 정부가 역할을 제대로 하지 못하면 어떻게 될까요? 정부도 시장에 적극 개입할 때 부작용이 나타날 수 있습니다. 또, 정부의 경제 운영 미숙으로 인한 시장 개입의 실패, 공공 관료 집단의 이기주의와 부정부패로 인한 경제 실패 등을 정부 실패라고 합니다.

특히 한 국가가 다른 나라에서 빌린 돈을 갚지 못할 경우 큰일이 됩니다. 정부가 이자나 원금을 갚지 못하면 정부는 제일 먼저 IMF(국제 통화 기금)에 손을 내밀어 구제 금융을 받게

IMF 로고

됩니다.

우리나라도 1997년 12월 22일, 외환 위기로 인해 IMF에 구제 금융을 요청하여 국가 부도의 위기를 넘겼습니다. 하지만 IMF 구제 금융은 조건이 매우 까다로워서 흔히 '경제의 신탁 통치'라고 일컬어지지요. 그리고 IMF 구제 금융을 받으면 엄격한 재정 긴축과 가혹한 구조 개혁으로 인해 금리 상승과 경기 악화, 실업률 상승 등이 뒤따릅니다.

신탁 통치
국제 연합의 위임을 받은 나라가 일정한 비자치 지역에서 통치하는 것을 의미합니다.

그런데 IMF조차 도와줄 수 없는 상황이라면 정부는 모라토리엄(moratorium)이나 디폴트(default)를 선언하게 돼요. 모라토리엄은 돈을 제때 갚을 능력이 되지 않기 때문에 조금만 연기해 달라고 부탁하는 것이고, 디폴트는 도저히 못 갚겠다고 선언하는 것입니다. 모라토리엄은 부채를 갚을 시기가 됐지만 액수가 너무 많아 일시적으로 상환을 연기하는 것으로, 상환할 의사가 있다는 점에서 디폴트와 다릅니다.

그런데 모라토리엄이나 디폴트를 선언하게 되면 국가 신용도가 떨어지면서 주가가 폭락하고 환율이 급등하며 다른 나라의 원조를 받기가 어려워집니다. 결국 그 나라는 국제 사회에서 소외되고 그 나라의 좋은 기업들은 외국에 헐값에 팔려 경제 식민지가 될 수도 있습니다.

그래서 정부는 국가 신용도를 유지하기 위해 노력합니다. 국가 신용 등급은 보통 3대 국제 신용 평가 회사인 무디스, S&P, 피치에서 결정하며, 이들은 정치 상황, 경제 구조, 공공 부채, 정부 규제, 사회 문화적 요인 등을 폭넓게 활용해 평가합니다. 이들 국제 신용 평가 회사는 국제기구가 아니라 민간 회사이지만 기업이나 국가를 좌지우지할 만큼의 영향력을 가지고 있어서 무시할 수 없답니다.

지금까지 살펴본 것처럼 경제 주체로서 정부가 하는 일은 매우 많습니다. 가계와 기업만으로 이루어지는 민간 경제의 비효율적인 현상을 고치기 위해 각종 정책을 만들고 집행해야 하지요. 그리고 경기의 지나친 과열이나 위축을 억제하여 물가를 안정시키는 등 경제를 안정화시켜야 합니다.

또한 시장 경제 체제에서 발생하는 불평등한 상황을 놔둔 채 경쟁만을 추구하게 되면 빈부 격차가 심해지기 때문에, 정부는 이러한 빈부 격차와 같은 사회 문제를 해결해야 할 의무가 있습니다. 그래서 최저 임금제, 저소득층에 대한 의료 및 생활 보호, 소득에 대한 누진 과세, 실업자 구제 등의 복지 정책을 펼치게 되지요.

그런데 정부의 입장에서 경제만 중요한 것은 아닙니다. 정부는 경찰, 소방 등의 치안을 책임지고 국방과 안보에 대한 책임을 지며, 외교 분야에서는 국제 교류, UN 등의 국제기구와 협력해야 합니다.

또 사회 복지 서비스, 의료 보험, 실업 보험, 연금 보험, 산재 보험 등 사회 보험 제도도 관리하고, 보건 위생, 식품 안전, 환경 규제와 자연 보호, 학교 교육 등을 제공해야 합니다. 이렇게 정부는 국민 생활에 관련된 많은 공공 서비스를 제공하기 때문에 정부의 역할이 국민의 생활에 미치는 영향은 너무나 크답니다.

그렇다면 정부는 실패를 하지 않기 위해 어느 정도까지 경제 활동에 개입해야 할까요? 정부가 개입하는 범위에 따라 우리는 소극적 국가, 적극적 국가로 나눌 수 있습니다. 하지만 정부의 경제 참여 범위에 관해서 쉽게 단정 지을 수는 없습니다. 다만 분명한 것은, 어느 정도의 정부 개입은 경제 활동에 꼭 필요하되 너무 깊이 참여해 실패하는 일이 없도록 해야 한다는 것입니다. 그래서 작지만 효율적인 정부가 필요하답니다.

1인당 국민 소득

국민들의 생활 수준이 높아졌는지 알기 위해서는 그 나라의 1인당 국민 소득을 살펴보면 됩니다. 그런데 1인당 국민 소득을 이해하기 위해서는 먼저 GNP, GDP, GNI를 이해해야 합니다.

먼저 GNP는 'Gross National Product'의 약자로 국민 총생산을 뜻합니다. 한 나라의 국민이 벌어들이는 돈이지요. 국민은 국내에서도 일하지만 국외에서도 일하므로 GNP는 한 국가의 국민이 국내는 물론 국외에서 만들어 낸 생산물의 총계를 뜻합니다.

GDP는 'Gross Domestic Product'의 약자로 국내 총생산을 뜻합니다. 거주민의 국적과 관계없이 국내에서 생산된 재화와 서비스의 가치를 시장 가격으로 평가하여 합산한 것이 GDP이지요.

이 둘을 비교해서 살펴보면, GNP는 생산 활동에 참여한 사람들의 국적을 중시한 것이고, GDP는 생산 활동이 이루어진 장소를 중시한 것입니다.

그렇다면 외국인이 우리나라에서 돈을 번 것은 GNP에 들어갈까요, GDP에 들어갈까요? 이는 우리나라에서 돈을 벌었기 때문에 GDP에 해당합니다. 반면 우리나라 사람이 해외에 나가서 벌어들인 돈은 GNP에 포함되지요.

그렇다면 우리나라는 요즘 경제 성장 지표로 왜 GNP 대신 GDP를 사용할까요? 이는 교통과 통신이 발달하면서 전 세계 경제가 국제화되었고 노동이나 자본의 국가 간 이동이 크게 늘어났기 때문입니다.

예를 들어 외국의 햄버거 회사가 우리나라에 진출해 가게를 열었어요. 회사의 소유주는 외국 사람이지만 생산자와 구매자는 대부분 한국인이 됩니다. 이 경우 회사의 소유주인 외국인만 돈을 벌었을까요? 그 회사에서 일한 우리나라 사람들도 소득이 생겼겠죠? 즉, 소유자는 외국 기업이지만 한국 경제에 기여하고 있으니 우리나라에서 외국인이 생산한 것도 포함해야 한다는 주장이 나온 거지요.

그래서 요즘은 국내에 거주하는 국민의 실제적인 경제 수준을 나타내기 위해서 국적 중심의 GNP가 아니라 영토 중심의 GDP가 더 적합하다고 여겨 GDP가 널리 쓰이고 있습니다. 유럽 국가들은 1970년대 중반부터, 일본과 미국은 1990년대 초반부터 경제 성장 지표로 GDP를 쓰고 있어요. 우리나라도 1995년부터 경제 성장 지표를 GNP에서 GDP로 바꾸었지요. 즉 GDP는 한 나라의 경제 수준을 나타내는 대표적인 경제 지표라고 할 수 있습니다.

이러한 GDP는 1930년대 초 러시아 태생의 미국 경제학자인 사이먼 쿠즈네츠 (Simon Kuznets)가 만들었어요. 1999년에는 미국의 재무부와 FRB(연방 준비 제도 이사회)에서 20세기 최대의 업적 중 하나로 바로 GDP를 선정하기도 했지요.

마지막으로 GNI는 'Gross National Income'의 약자로 국민 총소득입니다. GNI는 한 나라의 국민이 일정 기간 생산 활동에 참여한 대가로 벌어들인 소득의 합계로서, 실질적인 국민 소득을 측정하기 위해 교역 조건의 변화를 반영한 지표입니다.

정부는 가계와 기업으로부터 세금을 거둬들여서 경제 활동을 합니다.

자, 모두들 세금을 내십시오!

정부는 세금을 이용해 도로나 항만 같은 시설을 만들기도 하고 어려운 사람들을 위해 주택을 공급하기도 합니다.

형편이 어려운 사람들을 위해 정부가 마련한 집입니다.

과거에는 정부의 적극적인 활동에 부정적인 시선도 있었습니다.

이 정도는 우리가 알아서 할 수 있어요. 그만 좀 간섭하세요.

정부가 해야 할 일입니다.

현대 정부는 가계와 기업이 공정하게 경제 활동을 할 수 있도록 지원하고 감시하는 역할을 합니다.

모두 경제 규칙을 준수합시다!

외국의 경제 활동

국가와 국가 사이의 거래는 무역이라고 합니다. 한 나라에서 다른 나라로 상품이나 기술을 내다 파는 것은 '수출'이라고 하고, 반대로 다른 나라로부터 들여오는 것을 '수입'이라고 하지요. 외국은 수입·수출과 관련된 무역의 주체로, 오늘날 개방 경제를 지향하는 세계화 시대의 중요한 경제 주체입니다. 이번 수업에서는 외국에 대해 자세히 알아보겠습니다.

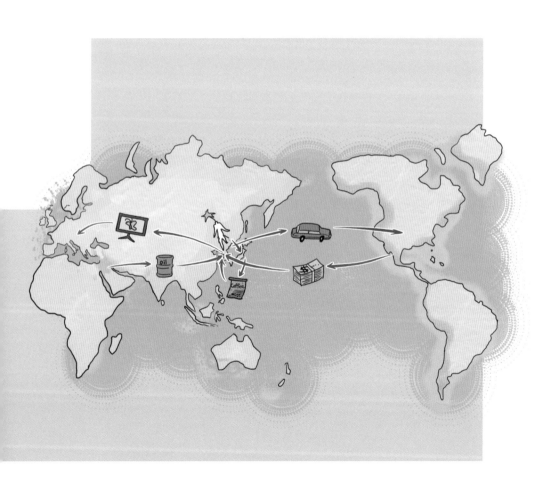

어떻게 세계화가 됐을까요?

우리나라에서는 나지 않지만, 석유는 자동차나 기계 등 산업 시설을 운영하는 데 꼭 필요합니다. 그렇다면 우리나라에서 석유를 쓰기 위해서는 어떻게 해야 할까요? 석유가 있는 나라에서 사 가지고 와야 하겠지요. 그렇다면 그 돈은 어떻게 마련할까요? 다른 나라에 자동차나 기술 등을 팔아서 마련합니다.

이와 같은 국가와 국가 사이의 거래를 무역이라고 합니다. 외국에서 국내로 재화나 서비스가 들어오는 것은 수입이라고 하고, 국내에서 외국으로 나가는 것은 수출이라고 합니다. 이때 재화나 서비스가 아니라 자본이 들어오면 자본 유입이고, 자본이 나가면 자본 유출이라고 합니다.

> **교과서에는**
>
> 우리나라는 수입과 수출이 국내 총생산에서 차지하는 비율인 무역 의존도가 90%에 육박할 정도로 높습니다.

무역은 어떻게 해서 이루어지게 되었을까요? 바로 세계화 때문입니다. 세계화는 각 지역 사회가 고립되어 있던 상태에서 다른 지역들과 교류가 생기고, 이 교류가 널리 일반화되어 가는 현상을 말합니다. 즉, 나라 간 국경의 의미가 사라지고 전 세계 모든 나라가 경제적·사회적·문화적으로 서로 밀접한 관계를 갖게 되는 것이지요. 세계화가 이루어지면서 전 세계의 정치, 경제, 사회 등이 서로 영향을 주고받게 됐습니다.

그렇다면 세계화의 원인은 무엇일까요? 그 원인으로는 교통수단과 통신 기술의 발달, 시장 경쟁과 이민 등을 꼽을 수 있습니다. 먼저 자동차와 기차의 발달, 수송기 등 교통의 발달로 인해 사람들이 이동하는 속도와 물자를 운반하는 속도가 빨라졌습니다. 이런 교통수단들은 이동 시간을 줄여 지구의 공간을 상대적으로 축소시켰습니다. 지구가 작아진 것이 아니라 거리에 따른 시간이 줄었다는 뜻이지요. 교통수단의 발달로 전 세계는 1일 생활권이 되었고 운송비가 줄어들었으며 국가 사이의 교류가 활발해졌습니다.

통신 기술의 발달도 세계화를 이끌었습니다. 전화기, 통신 위성, 인터넷의 발달로 정보 처리와 전달 속도가 빨라졌습니다. 특히 1990년대에 들어서 거대한 통신망이 된 인터넷은 장소와 시간에 구애받지 않는 빠르고 편리한 정보 교환으로 정보 사회를 빠른 속도로 발전시켰고 세계화를 촉진시켰습니다.

이러한 통신 기술의 발달로 공간상의 거리를 극복함으로써 세계 어디서든 정보를 곧바로 주고받을 수 있게 되었습니다. 그리고 정보가 사회의 흐름을 좌우하게 되었습니다. 즉, 통신 기술의 발달로 한 지역에서 일어난 변화가 순식간에 전 세계로 전파되어 국가라는 장벽이 점차 의미가 없어지게 되었습니다.

많은 나라가 자유 민주주의와 시장 체제를 인정하며 시장 경쟁을 하게 된 것도 세계화의 원인입니다. 1945년 제2차 세계 대전이 끝난 뒤 미국을 중심으로 한 자본주의 진영과 소련을 중심으로 한 공산주의 진영이 서로 대립하게 되었습니다. 이를 두고 냉전 시대라고 합니다. 하지만 1990년 독일의 통일과 1991년 소련의 붕괴로 인해 냉전 시대가 끝나고 이념의 벽이 허물어졌습니다. 그리고 대부분의 국가가 자유 민주주의와 시장 체제를 인정하게 되었고, 정치·경제·문화 면에서 국가 간에 더욱 활발한 교류가 이루어졌습니다.

마지막으로 이민으로 인해 국가 간 교류가 확대되었습니다. 교통과 통신의 발달로 국가 간에 노동 인력이 자유롭게 이동하게 되었을 뿐만 아니라 경제적 이유 또는 정치적 이유로 이민이 증가했습니다.

국가들은 어떻게 협력할까요?

세계화로 인해 어느 한 지역이나 국가의 문제가 세계 여러 나라에 영향을 미치게 되었습니다. 그래서 각 나라는 국제 변화에 민감하게 반응하고 있으며 국가 간 관계는 더욱 중요해졌지요. 결국 각 나라는 자기 나라의 생존과 이익을 위해 다른 나라와 결속하여 정치, 경제, 사회, 문화 등 여러 방면에서 공동 목표를 추구하는 협력 단체를 만들게 되었습니다. 제2차 세계 대전 이후 설립되어 국제 평화와 인류 복지 증진을 위해 활동하고 있는 UN(국제 연합), 선진국들의 경제 협력체인 OECD(경제 협력 개발 기구), 국가 간 군사 협력 기구인 NATO(북대서양 조약 기구) 등이 국가 간의 대표적인 협력 단체입니다.

그리고 세계화로 인해 국제 무역이 활발해지면서 국제 무역을 발전시킬 수 있는 제도와 국제적인 단체가 필요하게 되었습니다. 시장 경제는 국가적 차원이든 국제적 차원이든 적절한 무역 방법이 정해져 있어야 원활하게 이루어지기 때문이지요. 그래서 1995년에는 세계 무역 질서를 이끌어 갈 WTO(World Trade Organization: 세계 무역 기구)를 만들었습니다. WTO는 세계 무역 활동에서 일어나는 경제 분쟁을 조정하고 관세 인하 요구, 반덤핑 규제 등을 조정하며 판결하고 있습니다.

이렇듯 세계화가 되면서 세계는 마치 하나의 시장과 같아졌습니다. 그래서 나라와 나라 사이의 무역이 더욱 중요해졌지요. 나라마다 자신들의 무역 정책이 있지만, 무역 정책은 보통 보호 무역주의 정책과 자유 무역주의 정책으로 크게 구분합니다.

'보호 무역주의'는 자국의 시장을 보호하기 위해 외국 상품의 국내 시장 접근을 제한하지만, '자유 무역주의'는 관세 장벽을 낮추어 외국 상품의 국내 시장 접근을 풀어 주는 정책입니다. '자유 무역주의'란 전 세계를 하나의 시장으로 생각하고 국가 사이를 가로막고 있는 시장의 경계를 없애자는 생각이지요.

그런데 세계화가 진행되면서 '보호 무역주의'보다는 '자유 무역주의'가 대세가 되고 있습니다. 하지만 모든 나라가 동시에 무역 장벽을 없애 버리고 마치 하나의 나라처럼 물건을 사고팔 수는 없습니다. 모든 국가가 똑같은 이득을 얻는 게 아니고 손해를 보는 국가도 있기 때문입니다.

> **대세**
> 일이 진행되어 가는 결정적인 형세를 말합니다.

그래서 이런 손해를 입지 않기 위해 자유 무역을 하고자 나라 간에 맺는 것이 FTA(Free Trade Agreement: 자유 무역 협정)로, 두 나라 사이의 모든 무역 장벽을 없애자는 약속입니다. 우리나라는 2004년 칠레와 자유 무역 협정을 체결했습니다. 이를 통해 우리나라는 칠레의 농산물을 값싸게 수입하고, 칠레는 우리나라의 전자 제품을 값싸게 수입할 수 있게 되었지요. 하지만 그로 인해 피해를 보는 사람들도 생겨났습니다. 우리나라 농민들은 값싼 농산물의 수입으로 피해를 보고, 칠레의 전자 제품 회사들은 우리나라의 값싼 전자 제품으로 인해 피해를 보게 된 것이지요. 그래서 두 나라는 모든 물건의 관세를 없애지는 않았습니다. 우리나라는 쌀과 사과에 대한 관세를 남겨 놓았고, 칠레는 세탁기와 냉장고에 대한 관세를 남겨 놓았습니다.

> **관세**
> 수출, 수입되거나 통과되는 화물에 대하여 부과되는 세금으로 수출세, 수입세, 통과세가 있으나 현재 우리나라에는 수입세만 있습니다.

세계은행 통계에 따르면 2006년은 자유 무역 시장 경제 덕분에 전 세계 모든 국가가 동시에 성장한 인류 역사상 최초의 해였습니다. 인도와 중국도 개방을 선택한 바로 그 순간부터 경제적 침체에서 벗어났기 때문이지요.

하지만 자유 무역 시장 경제가 도입되면서 경쟁력을 갖추지 못한 나라는 세계화 과정에서 뒤처지게 되었습니다. 그러자 지리적으로 가깝고 정치적·문화적으로 비슷한 국가들이 타 지역과의 교역에서 경쟁력 우위를 차지하고자 하나의 블록을 형성하는 블록화 현상이 빠르게 진행되었지요.

지역별 협력체로는 ASEAN(동남아시아 국가 연합), APEC(아시아 태평양 경제 협력체), NAFTA(북아메리카 자유 무역 협정), EU(유럽 연합) 등이 있습니다. 특히 EU는 경제, 통화, 금융 분야에서 수준 높은 통합을 이루었습니다. 그러나 회원국 간의 정치 및 사회 분야 통합은 경제 수준에 미치지 못해 여러 가지 문제점을 안고 있답니다.

세계화의 어두운 면

세계화에 따른 지속적인 경제 성장은 수많은 사람들에게 경제적인 이익을 주었습니다. 그리고 자유 무역 덕분에 수많은 사람이 가난에서 벗어나게 되었습니다. 하지만 아직 경제가 세계화되지 않은 남부 아프리카나 중동의 일부 지역, 남부 아메리카는 빈곤에서 벗어나지 못하고 있습니다.

뿐만 아니라 세계 경제가 일부 선진국에 의해 좌우되고 자본의 논리를 앞세운 다국적 기업의 횡포가 심해져 선진국과 후진국 사이의 소득의 불평등 현상이 깊어졌습니다. 또 경제적 문제를 외국 자본에 많이 의존하고 있는 후진국의 경우 외국 자본의 입김 때문에 자주적으로 경제 정책을 수행하기가 힘들어지기도 했습니다.

세계화의 영향으로 발생한 소득 불평등으로는 국가 간 불평등과 국가 내 불평등이 있습니다. 앞으로 국가 간에 소득 격차가 줄고 글로벌 중산층이 늘어나겠지만, 국가 내 소득 불평등이 깊어져서 그로 인한 국가 내 갈등이 일어나게 될 것이라는 전문가들의 의견이 많습니다.

국가 내 불평등 문제는 많이 버는 사람에게 많은 세금을 걷는 누진세를 강화하고 하위 소득 계층에 대한 정부 지원을 늘림으로써 어느 정도 완화시킬 수 있습니다. 하지만 국가 간 경제적 불평등 문제를 해결하기 위해서는 국제적인 동의가 필수적이지요. 어느 한 나라가 나선다고 해결될 수 있는 문제가 아니므로 국제 연합 등이 앞장서서 국가 간 이해관계를 조율해야 한답니다.

구체적으로 세계화에 따른 현상을 살펴보겠습니다. 여러분은 뉴스에서 '경상 수지가 흑자로 돌아섰습니다'라는 말을 들어 본 적이 있나요? 도대체 경상 수지란 무엇일까요? 이를 알기 위해서는 먼저 국제 수지표를 알아야 합니다.

가계에서 가계부를 쓰듯이 나라도 가계부와 같은 것을 씁니다. 나라가 번 돈과 쓴 돈을 기록하는 것이지요. 나라 살림살이를 기록한 이 장부를 '국제 수지표'라고 합니다. 국제 수지표를 보면 외국과 무역을 하면서 이익을 냈는지 손해를 봤는지 알 수 있습니다.

국제 수지표에는 재화나 서비스 수지를 나타내는 경상 수지와 돈의 거래 수지를 나타내는 자본 수지가 있습니다. 그렇다면 앞서 나온 경상 수지가 흑자로 돌아섰다는 것은 무슨 뜻일까요? 재화와 서비스를 사고판 것을 나타낸 것이 경상 수지라고 했으므로, 경상 수지가 흑자라는 것은 이득을 봤다는 뜻입니다. 즉, 경상 수지가 흑자라는 것은 수입보다 수출을 많이 해서 이득을 봤다는 뜻이지요. 반대로 수입이 수출보다 많으면 경상 수지 적자가 되겠지요?

그렇다면 경상 수지 흑자가 되면 무조건 좋을까요? 흑자가 되면 통화량이 많아지게 되고, 그로 인해 물가가 오를 수 있습니다. 하지만 경상 수지 적자가 나도 문제가 있습니다. 기업에서 만든 물건을 팔지 못하게 된 것이기 때문에 기업은 임금이나 직원을 줄여야 하는 문제가 생깁니다. 그래서 경상 수지가 균형을 이루도록 하는 것이 물가도 안정시키고 실업을 줄이는 길이라고 할 수 있습니다.

쌀과 금의 희소성

경제 객체인 재화를 설명할 때 희소성을 빼놓을 수 없습니다. 경제 공부를 하는 데 있어서 희소성은 매우 중요한 용어이지요. '희소성'이란 인간의 물질적 욕구에 비하여 그것을 충족시켜 주는 물적 수단의 공급이 상대적으로 부족한 경우를 가리키는 말입니다. 즉, 어떤 물건이 사람들이 원하는 것에 비해 드물거나 적은 상태를 뜻하지요.

예를 들어 유명한 가수가 직접 사인한 화보집이 한정판으로 100개가 나왔다고 합시다. 하지만 이것을 갖고 싶어 하는 사람은 100명보다 훨씬 많아서 원하는 사람 모두가 화보집을 가질 수는 없습니다. 갖고 싶어 하는 사람 수에 비해 물건 개수가 턱없이 부족하기 때문입니다.

이렇게 갖고 싶어 하는 사람은 많은데 물건이 부족할 때 그 재화를 '희소성이 있다'라고 표현합니다. 대부분의 재화는 희소성이 있기 때문에 사람들은 원하는 것을 모두 가질 수 없습니다.

모든 경제 문제는 근본적으로 자원과 재화의 희소성 때문에 생긴다고 할 수 있습니다. 만약 자원과 재화가 인간의 욕구를 채울 수 있을 만큼 충분하다면 누구나 원하는 것을 가질 수 있을 거예요. 그렇게 되면 무엇을 만들지 고민하는 경제 문제가 발생하지 않겠지요. 하지만 현실적으로 인간의 욕구에 비해 주어진 자원과 재화가 한정되어 있기 때문에 효율적으로 사용하기 위한 선택을 해야 하는 경제 문제가 발생하게 되지요.

그렇다면 쌀과 금은 어떤 게 희소성이 있을까요?

금이라고요? 그렇다면 혹시 금보다 쌀이 더 희소성이 있을 때는 없을까요? 전쟁, 가뭄 등으로 먹을 것이 없는 상황에서는 금과 쌀 중에서 쌀이 희소성을 갖습니다. 배가 고플 때 금은 먹을

수 없지만 쌀은 먹을 수 있기 때문이지요. 지구상의 기상 이변으로 닥쳐오게 될지 모르는 식량 위기 때에는 분명 금보다 쌀이 더 희소성이 있을 것입니다.

만약 북극의 이글루와 뜨거운 사막에 각각 선풍기와 난로를 가지고 가서 사람들에게 판다면 어떻게 될까요? 추운 얼음집에서 선풍기를 사려는 사람이 있을까요? 뜨거운 사막에서 난로를 사려는 사람이 있을까요? 이글루에서는 난로의 희소성이 크고, 사막에서는 선풍기의 희소성이 크겠지요? 이처럼 재화의 희소성은 때와 장소에 따라 달라진답니다.

그러면 쓰레기의 양이 적어서 쉽게 찾을 수 없다고 한다면 쓰레기도 희소성이 있다고 할 수 있을까요? 그렇지 않겠지요? 희소성은 단순히 물질의 절대량이 부족한 것으로 판단하는 것이 아니라 인간의 욕망과 물질의 양 사이의 상대적인 관계에 의한 개념입니다. 그러므로 쓰레기처럼 인간이 원하지 않는 물질의 경우, 그 양이 적어서 찾기 힘들다고 해도 희소성이 있다고 표현하지는 않는답니다.

앞에서 쓰레기는 쓸모없는 재화이기 때문에 희소성이 없다고 했어요. 이렇게 쓸모없는 재화를 경제학 용어로 불용재라고 하고 쓸 만한 재화를 용재라고 합니다. 그래서 불용재를 제외한 용재만 경제 활동의 객체로 인정할 수 있습니다.

"여러분이 경제 주체이자
경제 객체랍니다"

사람이 살면서 생기는 욕구를 만족시키기 위한 재화와 서비스를 생산하고 소비하고 분배하는 활동 및 이에 필요한 사회의 모든 사회적 관계를 경제라고 했습니다. 또한 사람에게 필요한 재화나 서비스를 생산하고 분배하는 모든 활동을 경제 활동이라고 하며, 경제 활동을 하는 주체인 개인이나 집단을 경제 주체라고 합니다. 경제 주체에는 가계, 기업, 정부, 외국이 있습니다.

경제 주체	주된 경제 활동	경제 활동의 목적	구 분			
가계	소비의 주체	최대 만족 추구	사경제 (민간 부문)	국민 경제	폐쇄 경제 체제	개방 경제 체제
기업	생산의 주체	최대 이윤 추구				
정부	소비 · 생산 (재정)의 주체	경제 정책 및 공익 추구	공경제 (정부 부문)			
외국	무역의 주체	무역 이익 추구	해외 경제			

앞의 표에서 알 수 있듯이 한 나라 안에서 이루어지는 가계, 기업, 정부의 경제 활동을 통틀어 국민 경제라고 합니다.

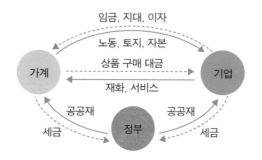

국민 경제의 순환 구조를 살펴보면 가계와 기업과 정부의 관계를 알 수 있습니다. 가계는 기업에게 노동, 토지, 자본을 제공하고 그 대가로 기업으로부터 임금, 지대, 이자 등을 받습니다. 그리고 기업이 제공한 재화와 서비스를 이용하고 상품 구매 대금을 지불합니다. 또 정부에 세금을 내고 공공재를 이용합니다. 기업도 정부가 제공하는 공공재를 이용하고 세금을 내지요. 이처럼 경제 활동의 주체인 가계, 기업, 정부는 상호 보완적 관계를 유지하고 있답니다.

한편, 경제 객체로는 재화와 서비스가 있습니다. 재화는 눈으로 볼 수 있는 상품을 뜻합니다. 재화가 희소하여 대가를 지불하고 소비하는 경우 경제재라 하고, 너무 흔해 대가를 지불할 필요가 없는 재화는 자유재라고 합니다. 경제재는 사용 목적에 따라 소비재와 생산재로 나뉘며, 특별히 공익을 목적으로 사용하는 재화나 서비스는 공공재라고 합니다.

서비스는 눈으로 볼 수 없으나 인간에 의해 이루어지는 가치 있는 행위입니다. 서비스는 사람이 필요한 인적 서비스와 물건이 필요한 물적 서비스로 나눌 수 있지요.

마지막으로 전하고 싶은 말은 바로 여러분이 경제 활동의 행위자인 경제 주체이자 경제 활동의 대상자인 경제 객체라는 것입니다. 경제는 간단하지 않습니다. 경제는 늘 진화하기 때문에 과거의 경제 원리나 이론으로 현재의 경제 흐름을 설명하는 데는 한계가 있습니다. 즉, 때와 장소에 따라 경제 상황이 달라지기 때문에 기존의 경제 개념을 맹신해서는 안 된다는 뜻이지요.

우리의 삶을 둘러싸고 있는 요소에는 경제만 있는 것이 아닙니다. 정치와 법, 사회와 환경, 윤리 등이 있고, 경제는 이러한 요소들과 밀접한 관련이 있습니다. 정치는 경제 활동이 이루어질 수 있게 도와주고, 법에는 경제법이 있으며, 경제 활동은 환경을 생각하며 윤리에 어긋나지 않게 해야 하기 때문입니다. 즉, 우리의 생활 모두가 경제와 관련되어 있다는 뜻이지요.

무엇보다 경제의 궁극적인 목적은 우리의 삶의 질을 향상시키는 것입니다. 그리고 그 몫은 여러분에게 달려 있지요. 그러므로 앞으로는 경제에 대해 관심을 가지면서 여러분의 멋진 미래를 준비하기 바랍니다.

2009년도 수능 6월 모의 평가 1번

그림은 민간 경제의 흐름을 나타낸 것이다. 이에 대한 옳은 설명을 〈보기〉에서 고른 것은? [3점]

실물 흐름 ⟶
화폐 흐름 --▸

〈보기〉

ㄱ. (가)는 노동 시장에서 공급자이다.
ㄴ. (나)는 조세를 거둬들여 공공재를 생산한다.
ㄷ. (A)에는 이발이나 의료 행위도 포함된다.
ㄹ. (B)에는 임금, 지대, 이자, 이윤이 해당된다.

① ㄱ, ㄴ   ② ㄱ, ㄷ   ③ ㄴ, ㄷ   ④ ㄴ, ㄹ   ⑤ ㄷ, ㄹ

2010년도 수능 6월 모의 평가 4번

밑줄 친 내용에 대한 설명으로 가장 적절한 것은? [2점]

> 저작권을 보호받는 문화 콘텐츠에 대한 불법 복제가 근절되지 않고 있다. 그 이유는 문화 콘텐츠와 같은 재화의 경우 내가 소비하는 상품과 동일한 상품을 다른 사람들이 소비한다고 해도 내가 소비할 수 있는 상품의 양은 영향을 받지 않는 특성을 가지고 있기 때문이다.

① 차량 통행이 드문 유료 도로에서 찾아볼 수 있는 특성이다.

② 사회적 최적 수준에 비해 과다 생산되는 데 원인이 된다.

③ 초과 수요가 지속적으로 존재하기 때문에 나타난다.

④ 대체재가 존재하기 때문에 나타나는 특성이다.

⑤ 공유 자원이 빠른 속도로 고갈되는 원인이다.

식빵과 딸기잼은 서로 보완재 관계에 있다. 시장 변화 (가), (나)를 초래한 원인을 바르게 연결한 것은? [2점]

(가)	딸기잼 시장의 균형 가격 상승 식빵 시장의 균형 거래량 증가
(나)	딸기잼 시장의 균형 가격 상승 식빵 시장의 균형 거래량 감소

(가)의 원인	(나)의 원인
① 딸기 가격 상승	밀가루 가격 하락
② 딸기 가격 하락	밀가루 가격 상승
③ 딸기 가격 하락	밀가루 가격 하락
④ 밀가루 가격 상승	딸기 가격 하락
⑤ 밀가루 가격 하락	딸기 가격 상승

2009년도 수능 6월 모의 평가 1번 답 ②

이 문제는 국민 경제의 주체를 잘 파악하고 있는지를 묻고 있습니다. 그림에서 (가)는 가계, (나)는 기업을 의미합니다. 가계는 노동 시장에서 노동의 공급자가 되며 기업은 노동의 수요자가 됩니다. 조세를 거둬들여 공공재를 생산하는 것은 기업이 아니라 정부가 하는 일입니다. 그리고 (A)가 의미하는 것은 재화 또는 서비스입니다. 〈보기〉에 제시된 이발이나 의료 행위는 서비스이므로 ㄷ은 옳은 답입니다. (B)는 생산 요소의 공급을 뜻하며 여기에는 노동, 자본, 토지 등이 해당됩니다.

2010년도 수능 6월 모의 평가 4번 답 ①

밑줄 친 내용은 문화 콘텐츠의 비경합성을 의미합니다. 비경합성이란 내가 공공재를 이용한다고 해서 다른 사람의 이용에 지장을 주지 않는 특성입니다. 대표적인 예로 영화관에서 영화를 보는 것이 여기에 해당합니다. 내가 영화를 보는 행위가 다른 사람의 영화를 보는 행위에 아무런 지장을 주지 않기 때문입니다. 차량 통행이 드문 유료 도로에서는 비경합성을 찾아볼 수 있습니다. ⑤에서 이야기하는 공유 자원은 나의 이용이 다른 사람에게 영향을 끼치는 경합성을 지닙니다.

2011년도 수능 6월 모의 평가 16번 답 ⑤

이 문제는 보완재에 따른 시장 변동을 파악하는 내용입니다. 보완재란 말 그대로 서로 보완할 수 있는 재화를 의미합니다. 마치 바늘 가는 데 실이 가는 것처럼 말입니다. 따라서 보완재는 서로 협력적인 성격을 가지고 있습니다. 이렇게 본다면 (가)의 원인은 밀가루 가격의 하락이라고 볼 수 있습니다. 밀가루 가격의 하락은 식빵의 공급을 증가시키고 식빵의 가격 하락과 거래량 증가를 가져옵니다. 또 식빵 가격의 하락은 자연스레 딸기잼의 수요를 증가시켜 딸기잼 가격을 상승시킵니다. 딸기잼 가격을 상승시킨 (나)의 원인은 딸기 가격의 상승입니다. 딸기잼 가격의 상승은 식빵의 수요를 감소시켜 식빵 가격의 하락과 거래량 감소를 가져오게 됩니다.

○ 찾아보기

경제학자가 들려주는 경제 이야기 18

누가 경제를 움직일까요?
—폴 새뮤얼슨이 들려주는 경제 활동 이야기

ⓒ 박신식, 2013

초판 1쇄 발행 2013년 6월 7일
초판 4쇄 발행 2020년 8월 11일

지은이   박신식
그린이   황기홍
펴낸이   정은영

펴낸곳   (주)자음과모음
출판등록 2001년 11월 28일 제2001-000259호
주소   04047 서울시 마포구 양화로6길 49
전화   편집부 02) 324-2347 경영지원부 02) 325-6047
팩스   편집부 02) 324-2348 경영지원부 02) 2648-1311
이메일   jamoteen@jamobook.com

ISBN 978-89-544-2569-8 (44300)

과학자가 들려주는 과학 이야기 (전 130권)

정완상 외 지음

위대한 과학자들이 한국에 착륙했다!
어려운 이론이 쏙쏙 이해되는 신기한 과학 수업,
〈과학자가 들려주는 과학 이야기〉 개정판과 신간 출시!

〈과학자가 들려주는 과학 이야기〉 시리즈는 어렵게만 느껴졌던 위대한 과학 이론을 최고의 과학자를 통해 쉽게 배울 수 있도록 했다. 또한 지적 호기심을 자극하는 흥미로운 실험과 이를 설명하는 이론들을 초등학교, 중학교 학생들의 눈높이에 맞춰 알기 쉽게 설명한 과학 이야기책이다.
특히 추가로 구성한 101~130권에는 청소년들이 좋아하는 동물 행동, 공룡, 식물, 인체 이야기와 최신 이론인 나노 기술, 뇌 과학 이야기 등을 넣어 교육 과정의 과학 분야뿐 아니라 최근의 과학 이론에 이르기까지 두루 배울 수 있도록 구성되어 있다.

★ 개정신판 이런 점이 달라졌다! ★

첫째, 기존의 책을 재정리하여 독자들이 더 쉽게 이해할 수 있게 만들었다.
둘째, 각 수업마다 '만화로 본문 보기'를 두어 각 수업에서 배운 내용을 한 번 더 쉽게 정리하였다.
셋째, 꼭 알아야 할 어려운 용어는 '과학자의 비밀노트'에서 보충 설명하여 독자들의 이해를 도왔다.
넷째, '과학자 소개·과학 연대표·체크, 핵심과학·이슈, 현대 과학·찾아보기'로 구성된 부록을 제공하여 본문 주제와 관련한 다양한 지식을 습득할 수 있도록 하였다.
다섯째, 더욱 세련된 디자인과 일러스트로 독자들이 읽기 편하도록 만들었다.